W0065055

LEICHTE AUFLÄUFE & GRATINS

Meister Verlag GmbH

NHALT

ℒEICHTE AUFLÄUFE & GRATINS AUS ALLER WELT

Aufläufe und Gratins sind weltweit beliebt – und das nicht ohne Grund. Unter einer knusprigen Kruste verbirgt sich saftiges Gemüse, das nach Lust und Laune mit Nudeln, Fleisch oder Fisch kombiniert und gut vorbereitet werden kann. Das schmeckt Familie und Freunden gleichermaßen.

MITTELMEERRAUM & WES

NEUE WELT

Die Rezepte der Neuen Welt sind so bunt zusammengewürfelt wie die Menschen, die den Schritt in diese Neue Welt wagten. Sie sind zum einen geprägt von der Besinnung auf Altbekanntes, zum anderen von der Lust auf Neues. Kein Wunder also, daß die Aufläufe und Gratins in diesen Ländern häufig stark an europäische Rezepte erinnern und dabei doch immer auch noch einen neuen »Kick« aufweisen.

ASIEN & FERNER OSTEN

Die Länder dieser Bereiche sind, da man hier Käse nicht kennt, zwar nicht unbedingt bekannt für Aufläufe und Gratins, doch sollten Sie sich von neuen Kombinationen mit exotischen Gewürzen und Zutaten überraschen lassen.

Im Mittelmeerraum bestechen Aufläufe und Gratins vor allem durch frisches Gemüse und aromatische erntefrische Kräuter. Sonnengereifte Paprikaschoten, Tomaten, Zucchini, Fenchel und Auberginen werden mit

NORD-, MITTEL- & OSTEUROPA

Deftige Aufläufe sind typisch für Mittel- und Nordeuropa und kommen nicht nur an kalten Winterabenden auf den Tisch. Häufig werden die Köstlichkeiten aus dem Ofen mit bodenständigen Zutaten, wie Speck, Wurst, Fleisch und Sahne, zubereitet und haben einen herzhaften Charakter.

AFRIKA & NAHER OSTEN

Diese Region, die für Aufläufe und Gratins eigentlich weniger bekannt ist, weist einige köstliche Spezialitäten auf. Im Libanon und in Israel beispielsweise, wo Joghurt und Eier eine wichtig Rolle spielen, werden frisches Gemüse, aromatische Kräuter und exotische Gewürze damit saftig überbacken. In Tunesien dagegen hat pikant gefülltes Gemüse eine lange Tradition.

frischem Fisch und Meeresfrüchten, aber auch mit Fleisch – vor allem Lammfleisch ist sehr beliebt – kombiniert und mit landestypischen Käsespezialitäten knusprig überbacken. Eben echt südländisch!

SARDISCHES ZWEI-KÄSE-GRATIN

ITALIEN

Viel sonnengereiftes Gemüse sowie reichlich Olivenöl und Knoblauch verstecken sich bei diesem Gratin unter einer goldbraunen, pikanten Käsedecke.

ZUTATENTIP

Wenn Ihnen der Pecorino im Geschmack zu intensiv ist, können Sie ihn durch einen milderen Bergkäse oder Emmentaler ersetzen.

1 Den Backofen auf 200 °C vorheizen. Die Aubergine waschen, in etwa ½ cm dicke Scheiben schneiden und auf ein leicht mit Öl bestrichenes Backblech legen. Die Auberginen in den Ofen schieben und in 5-10 Minuten (Gas 3; Umluft 180 °C) garen.

2 Zwiebeln schälen und in dünne Ringe schneiden. 3 EL Öl in einer Pfanne erhitzen und die Zwiebelringe darin bei schwacher Hitze goldbraun braten. Den Knoblauch schälen und dazupressen. Mit Oregano, Salz und Pfeffer abschmecken.

3 Zucchini und Tomaten waschen, den Mozzarella abtropfen lassen und alles in dünne Scheiben schneiden.

4 Die Auberginen aus dem Ofen nehmen. Die Hitze auf 175 °C (Gas 2; Umluft 160 °C) reduzieren. Die Zwiebeln in eine gefettete Auflaufform geben und lagenweise mit Zucchini-, Auberginen- und Tomatenscheiben belegen. Jede Lage kräftig würzen. Mit den Mozzarellascheiben enden.

5 Den Auflauf mit dem restlichen Öl beträufeln und mit Pecorino bestreuen. Im Ofen in 55 Minuten knusprig überbacken.

Schritt 1

Schritt 2

Schritt 4

Vorbereiten **50** Min. Backen **55** Min.
Pro Portion: 450 kcal/1860 kJ;
22 g EW; 31 g F; 20 g KH

TYPISCH SARDISCH

Sardinien ist für seine deftige Küche und seine reizvolle rauhe Landschaft bekannt, in der vor allem Schafe gezüchtet werden. Herzhafte Schafsmilchkäse, wie der beliebte Pecorino, geben daher vielen sardischen Gerichten eine besonders würzige Note.

KOCHTIP

Wem die Auberginen zu bitter sind, der kann die Scheiben mit Salz bestreuen und 20 Minuten ziehen lassen. Den Saft mit Küchenpapier abtupfen und die Auberginen wie beschrieben weiterverarbeiten. Das Entwässern hat zudem den Vorteil, daß die Gemüsescheiben beim Garen weniger Fett aufsaugen!

SERVIERTIP

Servieren Sie dazu »Pane carasau«, ein papierdünnes Brot, oder Weißbrot und grüne oder schwarze Oliven.

 Ein leichter italienischer Rotwein, wie etwa ein Chianti aus der Toskana, ist der ideale Begleiter.

$\mathcal{T}$OSKANISCHES SCHINKEN-GEMÜSE-GRATIN

ITALIEN

Saftiger Schinken und Vitamine in Hülle und Fülle machen aus diesem Gratin mehr als nur ein sättigendes Gericht. Italienischer Schnittkäse gibt Würze und sorgt für die Kruste.

ZUTATEN
(Für 4 Portionen)

- 2 Fenchelknollen
- Saft und abgeriebene Schale von ½ unbehandelten Zitrone
- Salz, schwarzer Pfeffer
- 500 g Brokkoli
- 200 g Taleggio-Käse (siehe Zutatentip)
- 250 g gekochter Schinken
- 150 g Champignons

AUSSERDEM
- Butter für die Form
- 1 kleine Knoblauchzehe

ZUTATENTIP

Statt des würzigen Taleggio, der in Höhlen der Voralpentäler der Lombardei reift, eignen sich auch Käsesorten wie Fontina und Montasio sowie ein holländischer oder deutscher Gouda.

1 Den Fenchel waschen, von Wurzelansätzen und trockenen Schuppenblättern befreien. Feine Fäden von unten nach oben abziehen. Halbieren und quer in 1 cm breite Streifen schneiden. Etwa ½ l Wasser in einem Topf aufkochen lassen. Zitronensaft, Salz und Fenchel hineingeben und zugedeckt etwa 8 Minuten garen. Abtropfen lassen.

Schritt 1

2 Den Brokkoli waschen, putzen und in Röschen zerteilen, harte Stiele schälen. Wenig Salzwasser in einem Topf aufkochen und den Brokkoli darin zugedeckt etwa 4 Minuten dünsten. Abtropfen lassen.

Schritt 2

3 Backofen auf 200 °C vorheizen. Eine große Gratinform mit Butter ausfetten. Knoblauch schälen, halbieren und die Form damit einreiben. Käse in Streifen schneiden.

4 Den Schinken in kleine Würfel schneiden. Die Champignons putzen und je nach Größe vierteln oder halbieren.

Schritt 5

5 Gemüse und Schinken mischen und in die Form geben. Mit Pfeffer und Zitronenschale würzen und mit Käse bestreuen. Im Ofen (Gas 3; Umluft 180 °C) in etwa 30 Minuten goldbraun überbacken.

Vorbereiten 40 Min. **Backen 30** Min.
Pro Portion: 380 kcal/1600 kJ;
31 g EW; 23 g F; 13 g KH

TYPISCH TOSKANISCH

Italien ist eines der Hauptanbauländer für Fenchel. Dank des milden Klimas im Mittelmeerraum kann die Knolle in Italien auch im Winter angepflanzt werden. Sie hat von Oktober bis Mai Hochsaison und ist in dieser Zeit besonders häufig auf den Speisekarten, zum Beispiel als »Finocchi al forno«, zu finden.

KOCHTIP

Wenn Sie frischen Fenchel kaufen, sollten Sie darauf achten, daß das fedrige Grün frisch und leuchtend aussieht und die Schnittstellen an den Stielen noch nicht eingetrocknet sind. Die Knollenform kann von schmal und langgestreckt bis hin zu kugelig variieren, geschmacklich jedoch sind sie alle gleich.

SERVIERTIP

Als Beilagen eignen sich Tomatenscheiben, gemischter Salat sowie frisches italienisches Weißbrot und Grissini-Stangen.

Servieren Sie dazu einen trockenen fruchtigen Weißwein aus der Toskana.

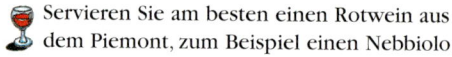

SERVIERTIP Als Vorspeise Melone mit Parma-
schinken, zum Abschluß Früchte der Saison reichen.

Servieren Sie am besten einen Rotwein aus
dem Piemont, zum Beispiel einen Nebbiolo.

PAPRIKASCHOTEN MIT POLENTA

ITALIEN

Paprikaschoten, oft mit Hackfleisch oder Reis gefüllt, zeigen sich hier einmal anders: In diesem Rezept enthalten sie Polenta und werden mit würzigem Fontina-Käse überbacken.

ZUTATEN
(Für 4 Portionen)

- 150 g Maisgrieß (Polenta)
- 4 große, rote Paprika-schoten
- 3 große Fleischtomaten
- 2 EL frischer oder 2 TL getrockneter Oregano
- Salz, schwarzer Pfeffer
- 200 ml Fleischbrühe
- 200 g Fontina-Käse (siehe Zutatentip)

AUSSERDEM
- Olivenöl für die Form

ZUTATENTIP

Der Fontina-Käse stammt aus dem Aostatal und hat ein süßlich-würziges Aroma. Er kann durch gut schmelzende Käsesorten, wie Gruyère, Comté, Beaufort oder Montasio vecchio, ersetzt werden.

1 In einem Topf 1½ l Wasser mit 1 TL Salz aufkochen. Den Maisgrieß unter Rühren einrieseln lassen. Unter ständigem Rühren so lange köcheln, bis ein fester Brei entstanden ist. Den Topf vom Herd nehmen.

2 Paprikas längs halbieren, von Stielansätzen und Samensträngen befreien und waschen. An der Unterseite je eine dünne Scheibe abschneiden, damit die Hälften stehen bleiben. Backofen auf 200 °C vorheizen. Eine Auflaufform mit Olivenöl ausfetten.

3 Die Tomaten waschen, von Stielansätzen befreien, kleinwürfeln und in die Form geben. Mit Oregano, Salz und Pfeffer würzen. Die Paprikaschoten mit der Polenta füllen und in die Form setzen.

4 Die Fleischbrühe angießen und die gefüllten Paprikahälften im Ofen (Gas 3; Umluft 180 °C) etwa 20 Minuten garen.

5 Nun die Tomaten in der Form zu einer Sauce verrühren, Paprikas damit beträufeln und weitere 20 Minuten garen. Den Vorgang zweimal wiederholen. Den Käse reiben und 5 Minuten vor Ende der Garzeit über die Paprikaschoten streuen.

Schritt 1

Schritt 2

Schritt 5

Vorbereiten **45** Min. Backen **40** Min.
Pro Portion: 460 kcal/1900 kJ;
23 g EW; 19 g F; 50 g KH

TYPISCH ITALIENISCH

Polenta, der berühmte Brei aus Maisgrieß, ist besonders in den italienischen Alpen beliebt. Seit Christoph Columbus von seinen Entdeckungsreisen das gelbe Korn aus Amerika in seine norditalienische Heimat mitbrachte, gehört es dort zur traditionellen Küche.

BASILIKUM-SPINAT-LASAGNE

ITALIEN

Frischer Blattspinat, aromatisches Basilikum und zarte Champignons garen zusammen in einer cremigen Béchamelsauce. Reichlich Parmesan gibt der leckeren Lasagne den letzten Pfiff.

ZUTATEN
(Für 4 Portionen)

- 1 kg Blattspinat
  (siehe Zutatentip)
- 200 g Champignons
- 1 Zwiebel
- 1 EL Olivenöl
- Salz, schwarzer Pfeffer
- 200 g Lasagneblätter
- 100 g geriebener Parmesan

FÜR DIE BÉCHAMELSAUCE

- 1 Bund Basilikum
- 2 EL Butter
- 2 EL Mehl
- ½ l Milch
- Salz, schwarzer Pfeffer
- geriebene Muskatnuß

AUSSERDEM

- Butter für die Form
- 2 EL Butter

ZUTATENTIP

Um Zeit zu sparen, können Sie tiefgekühlten Spinat verwenden. Diesen auftauen lassen und zu den Pilzen geben.

1 Den Spinat waschen, verlesen und blanchieren, bis er zusammenfällt. Abgießen und gut abtropfen lassen. Die Champignons putzen und in Scheiben schneiden.

2 Die Zwiebel schälen, würfeln und im Öl bei mittlerer Hitze glasig werden lassen. Die Pilze dazugeben und anbraten. Würzen und zugedeckt 5 Minuten garen. Den Spinat untermischen. Den Topf vom Herd nehmen.

3 Für die Sauce das Basilikum waschen, trockenschütteln und die Blätter hacken. Butter in einem Topf schmelzen, das Mehl dazustreuen und unter Rühren goldgelb anschwitzen. Backofen auf 175 °C vorheizen.

4 Die Milch nach und nach unter Rühren dazugießen. Bei schwacher Hitze unter Rühren in 10 Minuten dicklich einkochen, abschmecken. Basilikum einstreuen.

5 Eine Auflaufform mit Butter ausfetten und abwechselnd Spinatmischung, Lasagneblätter, Béchamelsauce und Parmesan einschichten. Mit Sauce und Käse enden. Mit Butterflöckchen bestreuen und auf der unteren Schiene im Ofen in 45 Minuten (Gas 2; Umluft 160 °C) goldbraun überbacken.

Schritt 1

Schritt 4

Schritt 5

Vorbereiten **50** Min. Backen **45** Min.
Pro Portion: 540 kcal/2250 kJ;
28 g EW; 24 g F; 53 g KH

TYPISCH LIGURISCH

Basilikum, »Königin der Kräuter«, ist ein »Muß« in der italienischen Küche. In Ligurien wird es vor allem zu Pesto verarbeitet und mit Tomaten kombiniert. In Olivenöl eingelegt oder als Würze für Weinessig ist sein pfeffrigwürziger, leicht süßlicher Geschmack ein einzigartiger Genuß.

KOCHTIP

Lasagneblätter erhalten Sie heute schon vorgekocht im Handel. Dennoch werden selbst diese Nudeln nur dann richtig weich, wenn sie beim Garen von viel Flüssigkeit umgeben sind. Achten Sie deshalb darauf, daß sich auch zwischen den einzelnen Nudellagen genügend Béchamelsauce befindet.

SERVIERTIP

Zu diesem Gericht paßt Tomaten-salat, mit Aceto balsamico und kaltgepreßtem Olivenöl angemacht.

Reichen Sie dazu einen leichten italienischen Weißwein, zum Beispiel einen Cinqueterre.

*M*OZZARELLA-HÄHNCHEN-GRATIN

ITALIEN

Grün, weiß und rot – dieses Gratin in den italienischen Farben betont die Stärken der neapolitanischen Küche: frisches Basilikum, schmelzender Mozzarella und fruchtige Tomaten.

ZUTATEN
(Für 4 Portionen)

- 750 g reife Tomaten
- Salz, schwarzer Pfeffer
- 2 Zwiebeln
- 2 Knoblauchzehen
- 4 Hähnchenbrustfilets
- 6 EL Olivenöl
- 1 Bund Basilikum
- 50 g schwarze Oliven
- 250 g Mozzarella
  (siehe Zutatentip)

AUSSERDEM
- Olivenöl für die Förmchen

ZUTATENTIP

Ursprünglich bereitete man dieses Gericht mit Mozzarella aus Büffelmilch zu, der zwar ausgeprägter schmeckt als Kuhmilch-Mozzarella, leider aber auch etwas teurer ist.

1 Die Tomaten waschen, von Stielansätzen befreien und in 1 cm dicke Scheiben schneiden. 4 Portionsförmchen mit Olivenöl ausfetten und mit den Tomatenscheiben auslegen. Tomaten salzen und pfeffern. Den Backofen auf 225 °C vorheizen.

2 Zwiebeln schälen und kleinwürfeln, den Knoblauch schälen. Die Hähnchenbrustfilets waschen und trockentupfen. In einer Pfanne 1 EL Öl erhitzen und die Zwiebeln darin glasig werden lassen. Den Knoblauch dazupressen, über die Tomaten geben.

3 Das restliche Öl in der Pfanne stark erhitzen, die Hähnchenbrustfilets darin von beiden Seiten scharf anbraten. Salzen, pfeffern, dann in die Förmchen geben.

4 Das Basilikum waschen und trockenschütteln, die Blättchen abzupfen. Die Oliven entsteinen. Beides in den Förmchen verteilen, dabei einige Blättchen Basilikum zum Garnieren zurückbehalten.

5 Mozzarella in Scheiben schneiden und auf die Hähnchenbrustfilets legen. Im Ofen (Gas 4; Umluft 200 °C) etwa 15 Minuten überbacken. Mit Basilikum garnieren.

Schritt 2

Schritt 4

Schritt 5

Vorbereiten **30** Min. Backen **15** Min.
Pro Portion: 550 kcal/2300 kJ;
48 g EW; 32 g F; 11 g KH

TYPISCH NEAPOLITANISCH

Gemeinsam sind sie unwiderstehlich: Tomaten, Basilikum und Mozzarella. Besonders in Neapel und anderen süditalienischen Regionen finden die drei Zutaten gern Verwendung, vor allem in Vorspeisen und Salaten. Wer kennt nicht den berühmten, farbenfrohen »Insalata Caprese«?

KOCHTIP

Sie können das Gericht bis einschließlich Schritt 3 gut 2-3 Stunden im voraus vorbereiten und dann ab- gedeckt kalt stellen. Lassen Sie es aber nicht sehr viel länger stehen, weil das Hähnchenfleisch nur halbgar ist. Den Ofen dann auch erst später vorheizen und das Gratin in etwa 20 Minuten fertiggaren.

SERVIERTIP

Für ein Menü können Sie davor ein Nudelgericht wie »Spaghetti alla vongole« servieren und als Dessert einige frische Feigen.

Italienischer Weißwein, zum Beispiel Lacrimae Christi oder Frascati, paßt gut zu diesem Gericht.

GEMÜSE-CANNELLONI MIT RICOTTA

ITALIEN

Eine besonders leichte Variante des italienischen Nudel-klassikers – die Teigrollen werden nicht mit Fleisch, sondern mit einer bunten Mischung aus Gemüse und Käse gefüllt.

ZUTATEN
(Für 4 Portionen)

- 200 g Blattspinat
- 250 g Möhren
- 1 Bund Petersilie
- 4 Eier (getrennt)
- 150 g Ricotta
  (siehe Zutatentip)
- 250 g Mascarpone
  (siehe Zutatentip)
- Salz, schwarzer Pfeffer
- 200 g Cannelloni
- 100 g Schlagsahne
- 100 g geriebener Parmesan

AUSSERDEM
- Butter für die Form

ZUTATENTIP

Ricotta und Mascarpone sind italienische Frischkäse. Erste-ren können sie durch Speise-quark, letzteren durch Dop-pelrahmfrischkäse ersetzen.

1 Den Spinat waschen, die Stiele entfernen und die Blätter hacken. Möhren schälen, in kleine Würfel schneiden und in wenig kochendem Wasser etwa 4 Minuten vorga-ren. Den Spinat dazugeben und zusammen-fallen lassen. Das Gemüse in ein Sieb ab-gießen und abtropfen lassen.

2 Backofen auf 200 °C vorheizen. Eine große Auflaufform mit Butter ausfetten.

3 Die Petersilie waschen, trockenschütteln und hacken. Eigelbe, Petersilie, Ricotta und Mascarpone verrühren. Die Eiweiße steif schlagen und unterheben. Die Mischung mit Salz und Pfeffer abschmecken.

4 Die Hälfte der Mascarponemasse mit dem Gemüse vermischen, mit einem Löffel in die Cannelloni füllen und diese nebeneinander in die Form schichten. Die Sahne angießen. Die übrige Mascarpone-creme darauf verteilen und mit Parmesan bestreuen. Die Form mit Alufolie abdecken.

5 Die Cannelloni im Ofen (Gas 3; Umluft 180 °C) in etwa 30 Minuten garen. Dann ohne Folie in weiteren 15 Minuten gold-braun gratinieren.

Schritt 1

Schritt 3

Schritt 4

Vorbereiten **60** Min. Backen **45** Min.
Pro Person: 780 kcal/3270 kJ;
36 g EW; 48 g F; 45 g KH

TYPISCH ITALIENISCH

Besonders die Bewohner in der Emilia-Romagna lieben Cannelloni mit Gemüse-füllungen. Stets gehört Parmesan dazu. Der echte Parmigiano Reggiano darf übrigens nur in der Region um Parma hergestellt werden. Sein Namenszug wird in die Rinde einge-brannt und garantiert die Echtheit des Käses.

KOCHTIP

• Damit die Nudeln gut garen, sollten sie stets von viel Flüssigkeit umgeben sein.

• Am einfachsten lassen sich die Cannelloni mit einem kleinen Löffel füllen. Um Hohlräume in den Teigrollen zu vermeiden, die Füllung immer wieder mit dem Löffelstiel sanft nachdrücken.

SERVIERTIP

Dazu schmeckt Salat aus frischen Champignons oder Egerlingen, mariniert mit Knoblauch, Zitronensaft und Olivenöl.

 Als Getränk empfiehlt sich ein kräftiger italienischer Weißwein, etwa ein Pinot Grigio.

SERVIERTIP An heißen Tagen schmeckt als Vorspeise Gazpacho, kalte Gemüsesuppe aus Andalusien.

Als Getränk können Sie spanischen Rotwein,
zum Beispiel aus Navarra, oder Sangria servieren.

SPANISCHES PAPRIKA-CHORIZO-GRATIN

SPANIEN

ZUTATEN
(Für 4 Portionen)

- 6 rote Zwiebeln
- 4 EL Butter
- je 1 rote und grüne Paprikaschote
- 150 g Chorizo (siehe Zutatentip)
- 50 g schwarze Oliven
- Salz, schwarzer Pfeffer
- 1 EL frischer Thymian
- 2 EL gehackte Petersilie
- 1 EL Mehl
- ¼ l Milch oder Schlagsahne
- 100 g Manchego-Käse (siehe Zutatentip)
- edelsüßes Paprikapulver

AUSSERDEM
- Butter für die Form

ZUTATENTIP
Die spanische Paprikawurst Chorizo können Sie durch Salami, den Manchego-Käse durch Parmesan ersetzen.

Knackige Paprikaschoten werden mit milden Zwiebeln und würziger Wurst kombiniert und mit Käse überbacken. So erhalten Sie ein herzhaftes, vitaminreiches Hauptgericht.

1 Zwiebeln schälen und in Ringe schneiden. 3 EL Butter in einer Pfanne erhitzen und die Zwiebeln darin bei mittlerer Hitze goldbraun anbraten.

2 Die Paprikaschoten halbieren, von den Stielansätzen und Samensträngen befreien, waschen und in Streifen schneiden. Die Chorizo in Stücke schneiden.

3 Den Backofen auf 200 °C vorheizen. Zwiebeln, Paprikas, Chorizo und die Oliven mischen. Mit Salz, Pfeffer, Thymian und Petersilie abschmecken und in einer ausgefetteten Gratinform verteilen.

4 Die restliche Butter in einem Topf zerlassen. Das Mehl dazustreuen und unter Rühren goldgelb werden lassen. Nach und nach Milch oder Sahne einrühren. Die Sauce etwa 5 Minuten leicht köcheln lassen, salzen, pfeffern und über dem Gemüse verteilen.

5 Den Käse grob reiben und mit Paprikapulver nach Geschmack über das Gemüse streuen. In den Ofen (Gas 3; Umluft 180 °C) schieben und in etwa 20 Minuten knusprig überbacken.

Schritt 1

Schritt 2

Schritt 5

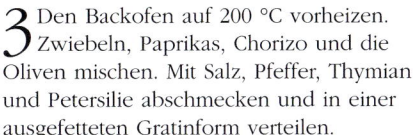

Vorbereiten **40** Min. Backen **20** Min.
Pro Portion: 420 kcal/1770 kJ; 20 g EW; 31 g F; 14 g KH

TYPISCH SPANISCH
Manchego ist der bekannteste Schafskäse Spaniens. Seine Heimat ist die Region La Mancha, durch die schon Don Quijote ritt. Das intensive und ausgeprägte Schafskäsearoma gibt jedem Gericht einen charakteristischen Geschmack.

ZUCCHINI MIT GARNELEN AUF SPANISCHE ART

SPANIEN

In feinem Olivenöl kurz angebratene Zucchinischeiben werden – eingebettet zwischen zwei Lagen einer köstlichen Garnelen-Tomaten-Sauce – mit Käse überbacken.

ZUTATEN
(Für 4 Portionen)

- 750 g Fleischtomaten
- 2 Zwiebeln
- 5 EL Olivenöl
- 4 Knoblauchzehen
- Salz, schwarzer Pfeffer
- 1 TL frischer oder ¼ TL getrockneter Thymian
- 700 g mittelgroße Zucchini
- 2-3 EL Mehl
- 200 g geschälte Garnelen
- 100 g milder Manchego-Käse (siehe Zutatentip)

AUSSERDEM
- Olivenöl für die Form

ZUTATENTIP

Wenn Sie den spanischen Manchego-Käse nicht kaufen können, paßt für dieses Rezept auch ein italienischer Taleggio oder ein mittelalter holländischer Gouda.

1 Tomaten kurz blanchieren, enthäuten und halbieren. Von Kernen befreien und das Fruchtfleisch grob hacken.

2 Die Zwiebeln schälen, fein würfeln und in 2 EL Olivenöl in einer Pfanne glasig werden lassen. Den Knoblauch schälen und dazupressen, dann die Tomaten einrühren. Mit Salz, Pfeffer und Thymian würzen und offen bei schwacher Hitze köcheln lassen.

Schritt 2

3 Den Backofen auf 200 °C vorheizen. Zucchini waschen und in 1 cm dicke Scheiben schneiden. Mit Salz und Pfeffer würzen und leicht mit Mehl bestäuben.

4 Die Zucchinischeiben portionsweise im restlichen Öl von beiden Seiten kurz anbraten. Die angebratenen Scheiben auf Küchenpapier abtropfen lassen.

Schritt 5

5 Eine Auflaufform mit Olivenöl ausfetten. Die Garnelen unter die Tomatensauce mischen, abschmecken. Die Hälfte der Sauce in die Form geben, die Zucchini einschichten und restliche Sauce darüber verteilen. Den Käse reiben und darüberstreuen. Das Gericht im Ofen (Gas 3; Umluft 180 °C) in etwa 20 Minuten knusprig überbacken.

Schritt 5

Vorbereiten **40** Min. Backen **20** Min.
Pro Portion: 340 kcal/1400 kJ;
19 g EW; 20 g F; 21 g KH

TYPISCH SÜDSPANISCH

Entlang der Costa Blanca, der weißen Küste im Südosten Spaniens, erstreckt sich ein Paradies für Obst- und Gemüseliebhaber. In den ausgedehnten Plantagen, den Huertas, gedeihen die Zucchini so gut, daß sie bis zu viermal im Jahr geerntet werden können.

KOCHTIP

Garnelen werden fast ausschließlich tiefgefroren und oft bereits geschält im Handel angeboten. Am besten lassen Sie die Krustentiere bei Zimmertemperatur langsam auftauen. Dann kurz unter kaltem Wasser abspülen und trockentupfen Bei größeren Garnelen sollte man den Darm entfernen.

SERVIERTIP

Neben Blattsalaten können Sie zu diesem Meeresfrüchte-Gratin einen knackigen Gurkensalat mit Dill servieren.

 Reichen Sie dazu einen frischen fruchtigen Weißwein aus der Mittelmeerregion.

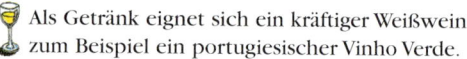

SERVIERTIP Servieren Sie dazu einen Möhren-salat mit einer Knoblauch-Weißwein-Vinaigrette.

Als Getränk eignet sich ein kräftiger Weißwein, zum Beispiel ein portugiesischer Vinho Verde.

22

℘ORTUGIESISCHER KABELJAU-AUFLAUF

PORTUGAL

Bunte Paprikas geben diesem Fisch-Kartoffel-Auflauf
nicht nur eine appetitlich-frische Farbe, sondern auch gesunde
Vitamine. Ein leichtes, aber dennoch sättigendes Gericht.

ZUTATEN
(Für 4 Portionen)

- 400 g Kabeljaufilet (siehe Zutatentip)
- 3 EL Zitronensaft
- Salz, schwarzer Pfeffer
- 600 g mehligkochende Kartoffeln
- je 1 grüne, gelbe und rote Paprikaschote
- 2 große Zwiebeln
- 2 hartgekochte Eier
- 100 ml Olivenöl
- 50 g grüne, mit Paprika gefüllte Oliven
- 2 EL Butter

AUSSERDEM
- Butter für die Form
- gehackte Petersilie

ZUTATENTIP
Sie können tiefgefrorenes
Kabeljau- oder Rotbarschfilet
verwenden, oder – wie in
Portugal üblich – Stockfisch,
also getrockneten Kabeljau.

1 Das Kabeljaufilet waschen, trockentupfen und in Würfel schneiden. Mit Zitronensaft beträufeln, salzen und pfeffern. Dann zugedeckt kühl stellen.

2 Kartoffeln waschen und in Salzwasser etwa 20 Minuten garen. Die Paprikas halbieren, von Stielansätzen und Samensträngen befreien, waschen und in Streifen schneiden. Zwiebeln und Eier schälen und in Ringe oder Scheiben schneiden. Die Kartoffeln abgießen, pellen und in Scheiben schneiden.

3 Den Backofen auf 225 °C vorheizen. Das Öl in einem Topf erhitzen und die Zwiebeln darin anbraten. Die Paprikas dazugeben und mit anbraten. Einige Paprikastücke herausheben und beiseite stellen. Eine Auflaufform mit Butter ausfetten.

4 Zuerst die Paprikamischung, dann abwechselnd Kartoffeln, Eier und Fisch in die Form schichten, jeweils salzen und pfeffern. Mit Kartoffeln enden, die restlichen Paprikastreifen und Oliven darüberschichten.

5 Butter in Flöckchen auf dem Auflauf verteilen. Im Ofen (Gas 4; Umluft 200 °C) 20 Minuten garen. Mit Petersilie garnieren.

Schritt 1

Schritt 3

Schritt 4

Vorbereiten **1** Std. Backen **20** Min.
Pro Portion: 590 kcal/2480 kJ;
27 g EW; 36 g F; 39 g KH

TYPISCH PORTUGIESISCH
In Portugal ist Stockfisch – ungesalzener, getrockneter Kabeljau – sehr beliebt. Das Trocknen unter freiem Himmel diente früher der Haltbarmachung von frischem Fisch, und noch heute wird diese natürliche Konservierungsmethode in Portugal angewandt.

ℒAUCHAUFLAUF »MYKONOS«

GRIECHENLAND

ZUTATEN
(Für 4 Portionen)

- 350 g Makkaroni
- 600 g Lauch
- 75 g Butter
- Salz, schwarzer Pfeffer
- 400 g Tomaten
- 1-2 Chilischoten
- 100 g schwarze, entsteinte Oliven
- ⅛ l Brühe
- 1 EL Tomatenmark
- 1 TL frische Oreganoblättchen
- 2 Eier
- 100 ml Milch
- 200 g Schafskäse (siehe Zutatentip)

ZUTATENTIP

Beliebte Schafskäse für die Zubereitung griechischer Gerichte sind der Kefalotiri oder der Kefalograviera. Doch auch ein Feta eignet sich gut.

In diesem sättigenden Makkaroniauflauf mit zartem Lauch und saftigen Tomaten sorgen schwarze Oliven, frischer Oregano sowie Chilischoten für viel Geschmack und Würze.

1 Die Makkaroni nach Packungsanleitung in reichlich kochendem Salzwasser knapp bißfest garen. In ein Sieb abgießen.

2 Lauch putzen und gründlich waschen. Die Stangen trockentupfen und in etwa 1 cm dicke Scheiben schneiden.

3 Die Hälfte der Butter in einer Pfanne erhitzen und den Lauch darin bei milder Hitze 5 Minuten garen. Salzen und pfeffern.

4 Backofen auf 200 °C vorheizen. Nudeln in eine große Auflaufform füllen. Restliche Butter goldbraun werden lassen, über die Nudeln träufeln. Lauch daraufgeben.

5 Die Tomaten waschen, Stielansätze entfernen, in Scheiben schneiden und dachziegelartig auf den Lauch legen. Chilis aufschlitzen, putzen, waschen und fein würfeln. Chilis und Oliven auf die Tomaten geben.

6 Brühe, Tomatenmark und Oregano verrühren und seitlich in die Form gießen. Eier und Milch verquirlen, würzen und über das Gemüse gießen. Käse zerbröckeln und darübergeben. Das Gericht im Ofen (Gas 3; Umluft 180 °C) in 40 Minuten überbacken.

Schritt 2

Schritt 5

Schritt 6

Vorbereiten **40** Min. Backen **40** Min.
Pro Portion: 760 kcal/3160 kJ;
29 g EW; 43 g F; 69 g KH

TYPISCH GRIECHISCH

Pastítsios, wie die überbackenen Nudelaufläufe in Griechenland genannt werden, fehlen weder bei traditionellen Festen noch auf den Speisekarten der zahlreichen Restaurants. Neben Makkaroni enthält der Auflauf meist Hackfleisch, doch hin und wieder trifft man auch auf die vegetarische Variante mit Lauch.

KOCHTIP

• Lassen Sie die Nudeln beim Kochen nicht zu weich werden – knapp bißfest ist am besten, denn sie garen später im Ofen noch weiter.

• Sollte der Käse beim Überbacken zu stark bräunen, decken Sie den Auflauf bis zum Ende der Garzeit einfach mit einem Stück Alufolie ab.

SERVIERTIP

Reichen Sie dazu einen Bauernsalat oder eingelegte Chilischoten und Oliven.

 Als Getränk eignet sich ein griechischer Weißwein, zum Beispiel der leicht geharzte Retsina.

ANATOLISCHER WEISSKOHLAUFLAUF

TÜRKEI

Dieser Auflauf mit Weißkohl ist ein echter Sattmacher!
Das türkische Original wird mit Lammfleisch zubereitet, er
schmeckt aber ebensogut mit magerem Rinderhackfleisch.

ZUTATEN
(Für 4 Portionen)

- 1 Weißkohl (etwa 750 g)
- 60 g Butter
- Salz, schwarzer Pfeffer
- scharfes Paprikapulver
- 200 ml Fleischbrühe
- 3 Zwiebeln
- 400 g Rinderhackfleisch
  (siehe Zutatentip)
- 4 EL Tomatenmark
- 200 g Schafskäse
- 3 Eier
- 200 ml Milch

AUSSERDEM
- Butter für die Form

ZUTATENTIP
Wer – originalgetreu – Lammhackfleisch verwenden will,
sollte es rechtzeitig beim
Metzger vorbestellen, da es
meistens nicht vorrätig ist.

1 Den Kohl von den äußeren Blättern
befreien und waschen. Vierteln, den
Strunk herausschneiden und die Viertel in
feine Streifen schneiden oder hobeln. Die
Hälfte der Butter erhitzen und die Streifen
unter Rühren darin anbraten. Mit Salz, Pfeffer
und Paprika würzen. Knapp die Hälfte der
Brühe angießen und den Kohl zugedeckt
etwa 20 Minuten schmoren.

2 Die Zwiebeln schälen und fein würfeln.
Die restliche Butter in einer Pfanne zer-
lassen und die Zwiebeln darin anbraten.
Das Hackfleisch dazugeben und krümelig
braten. Salzen, pfeffern und bei schwacher
Hitze in etwa 10 Minuten durchbraten.

3 Den Backofen auf 175 °C vorheizen.
Eine Auflaufform mit Butter ausfetten.
Die restliche Brühe mit dem Tomatenmark
verrühren. Den Schafskäse grob zerbröckeln.

4 Den Kohl und das Hackfleisch in die
Form geben. Die Fleischbrühe darübergießen und den Käse darauf verteilen. Die
Eier mit der Milch verquirlen, salzen, pfeffern und über den Auflauf gießen. Im Ofen
(Gas 2; Umluft 160 °C) auf unterer Schiene
30 Minuten backen.

Schritt 1

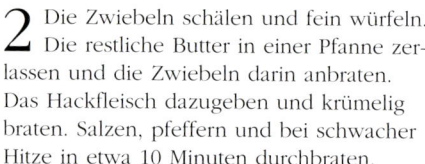

Schritt 4

Schritt 4

Vorbereiten **50** Min. Backen **40** Min.
Pro Portion: 700 kcal/2920 kJ;
41 g EW; 49 g F; 17 g KH

TYPISCH TÜRKISCH
Weißkohl wird in der Türkei oft mit Hammel-
oder Lammfleisch kombiniert. Der Fleischein-
kauf ist dort in den ländlichen Regionen auch
heute noch vorwiegend Männersache, während sich die Frauen um den Haushalt und
die Kindererziehung kümmern und die harte
Feldarbeit auf den kargen Böden verrichten.

KOCHTIP

Wer türkischen Schafskäse, wie etwa einen »Byaz peiniri«, verwendet, sollte bei der Zubereitung des Auflaufs sparsam mit Salz umgehen. Probieren Sie vorsichtshalber ein kleines Stück Käse: Die salzige Lake kann viel Würze an den Käse abgeben, und die Gefahr, das Gericht zu versalzen, ist sehr groß.

SERVIERTIP

Sesamringe oder Fladenbrot sowie ein Salat aus Tomaten, Gurken und Zwiebeln und ein Schälchen mit Oliven sind typische Beilagen.

 Dazu trinkt man in der Türkei stark gesüßten, schwarzen Tee oder Pfefferminztee.

HACKFLEISCHAUFLAUF 3 x ANDERS

Aufläufe mit einer Hackfleisch-Tomaten-Sauce als Basis
können fast unzählig variiert werden und finden
sich daher in vielen Küchen der Welt wieder.

GRUNDREZEPT HACKFLEISCHSAUCE

Aufläufe mit Fleisch haben meist eine
Hackfleischsauce als Basis – hier das Grundrezept:

1 In einer Pfanne 2 EL Olivenöl erhitzen. 2 Zwiebeln und 2 Knoblauchzehen fein hacken und bei mittlerer Hitze im Öl anbraten, bis sie weich und leicht gebräunt sind.

2 500 g Hackfleisch dazugeben und in etwa 5 Minuten krümelig anbraten.

3 1 große Dose Tomaten, 150 ml Brühe und ½ TL getrockneten Oregano dazugeben. 15 Minuten köcheln lassen. Mit Salz und Pfeffer abschmecken.

TÜRKISCHER FLEISCHAUFLAUF

Vorbereiten **1** Std. Backen **30** Min.

TÜRKEI

- Hackfleischsauce

  AUSSERDEM
- 1 Aubergine
- ½ TL gemahlener Zimt
- 1 Zwiebel
- 3 EL Olivenöl
- 150 g Bulgur
- ¼ l Brühe
- je 1 rote und gelbe Paprikaschote
- 150 g Schafskäse

4 Aubergine waschen, würfeln und mit dem Zimt zur Fleischsauce geben. 15 Minuten köcheln lassen.

5 Die Zwiebel würfeln und in 1 EL Öl glasig werden lassen. Bulgur unterrühren. Brühe zugießen, aufkochen und 15 Minuten köcheln.

6 Backofen auf 200 °C vorheizen. Die Paprikas halbieren, putzen, waschen und in Streifen schneiden. Mit dem restlichen Öl beträufeln.

7 Bulgur in eine Auflaufform geben, die Sauce darübergießen. Paprikastreifen und zerkrümelten Käse darüberstreuen. Im Ofen (Gas 3; Umluft 180 °C) in 30 Minuten überbacken.

AUBERGINEN-AUFLAUF

Vorbereiten **50** Min. Backen **50** Min.

- Hackfleischsauce

AUSSERDEM
- 500 g Auberginen
- 40 g Mehl
- 40 g Butter
- ½ l Milch
- Salz, Pfeffer
- je 1 Prise geriebene Muskatnuß und gemahlener Zimt
- 60 g Hartkäse
- 150 g Joghurt
- 1 Eigelb

aufkochen, würzen. Käse reiben. Backofen auf 200 °C vorheizen.

6 Eine Auflaufform mit der Hälfte der Auberginen auslegen, die Hälfte des Käses darüberstreuen. Mit der Fleischsauce übergießen. Restliche Auberginen einschichten, mit restlichem Käse bestreuen.

7 Joghurt und Eigelb unter die helle Sauce rühren, über dem Auflauf verteilen. In 50 Minuten (Gas 3; Umluft 180 °C) überbacken.

4 Die Auberginen in Scheiben schneiden, 2 Minuten blanchieren, abtropfen lassen.

5 Das Mehl in der Butter anbraten. Nach und nach Milch zugießen. Unter Rühren

TORTILLA-CHILI-AUFLAUF

Vorbereiten **1** Std. Backen **20** Min.

- Hackfleischsauce

AUSSERDEM
- 3 Chilis
- 1 Dose Kidney-Bohnen (400 g)
- 400 ml Brühe
- 200 g Langkornreis
- 1 Dose Mais (350 g)
- 1 rote Paprika
- 100 g Tortilla-Chips
- 100 g geriebener Gouda

5 Brühe aufkochen, den Reis dazugeben und zugedeckt in etwa 20 Minuten garen.

6 Backofen auf 200 °C vorheizen. Mais und Reis mischen und die Hälfte in eine Auflaufform geben. Zuerst die Sauce, dann den restlichen Reis darübergeben.

7 Paprika putzen, waschen und würfeln. Tortilla-Chips zerbröseln und mit der Paprika sowie dem Käse über den Auflauf streuen. Im Ofen (Gas 3; Umluft 180 °C) in 20 Minuten goldgelb überbacken.

4 Chilis putzen und waschen. Bohnen abgießen. Zur Sauce geben und zugedeckt bei schwacher Hitze 30 Minuten köcheln.

PROVENZALISCHER LAMMAUFLAUF

FRANKREICH

Ein Auflauf aus der sonnenverwöhnten Küche der Provence: Knackiges Gemüse, zartes Lammfleisch, Ziegenkäse sowie die landestypischen Kräuter machen ihn zum Festtagsschmaus.

ZUTATEN
(Für 4 Portionen)

- 400 g Lammfleisch (aus Keule oder Schulter)
- schwarzer Pfeffer, Salz
- 75 ml Olivenöl
- 50 ml Rotwein
- 2 Paprikaschoten
- 2 kleine Auberginen
- 2 mittelgroße Zucchini
- 4 große, feste Tomaten
- 4 Knoblauchzehen
- 1 Bund Petersilie
- je 1 Zweig frischer Thymian und Rosmarin (siehe Zutatentip)
- 3 EL Semmelbrösel
- 100 g Ziegenkäse
- 100 ml Brühe

AUSSERDEM
- Olivenöl für die Form

ZUTATENTIP
Thymian und Rosmarin können Sie jeweils durch ½-1 TL getrocknete Kräuter ersetzen.

1 Das Lammfleisch würfeln, mit Pfeffer würzen. 2 EL Öl in einem Topf erhitzen, das Fleisch darin gut anbraten. Salzen, den Wein angießen und das Fleisch zugedeckt bei schwacher Hitze etwa 30 Minuten schmoren.

2 Die Paprikaschoten halbieren, von Stielansätzen und Samensträngen befreien, waschen und klein würfeln. In einer Pfanne in 2 EL Öl unter Rühren leicht anbraten.

3 Den Backofen auf 200 °C vorheizen. Das restliche Gemüse waschen, putzen und alles in ½ cm dicke Scheiben schneiden.

4 Den Knoblauch schälen, die Kräuter waschen und trocknen. Alles hacken und mit den Semmelbröseln mischen. Den Ziegenkäse in kleine Würfel schneiden.

5 Paprikas würzen und mit dem Fleisch in eine gefettete Gratinform geben. Das Gemüse dachziegelartig daraufschichten und jeweils würzen. Die Brühe angießen.

6 Die Knoblauch-Kräuter-Mischung und den Ziegenkäse darüber verteilen. Mit dem restlichen Olivenöl beträufeln. Im Ofen (Gas 3; Umluft 180 °C) 30 Minuten backen.

Schritt 1

Schritt 5

Schritt 6

Vorbereiten **50** Min. Backen **30** Min.
Pro Portion: 510 kcal/2160 kJ;
34 g EW; 44 g F; 20 g KH

TYPISCH PROVENZALISCH
Typische Zutaten in der Provence sind Knoblauch und Olivenöl, vor allem aber aromatische, wild wachsende Kräuter, wie Thymian, Rosmarin, Oregano, Salbei und Lavendel. Die provenzalischen Köche geben übrigens nur zwei bis drei ausgewählte und aufeinander abgestimmte Kräuter an ihre Speisen.

KOCHTIP

Verwenden Sie für besondere Gelegenheiten edles Lammfilet. Das Fleisch dann nicht schmoren, sondern nur kurz anbraten, denn es ist ideal zum Kurzbraten. Beim Einkauf auf einen möglichst weißen Fettrand achten: je weißer das Fett, um so jünger das Tier und um so zarter und magerer das Fleisch.

SERVIERTIP

Reichen Sie als Vorspeise eine südfranzösische Olivenpaste mit Kapern – Tapenade genannt – auf geröstetem Weißbrot.

Französischer Rotwein, wie ein Côte du Rhône oder ein Châteauneuf-du-Pape, paßt dazu.

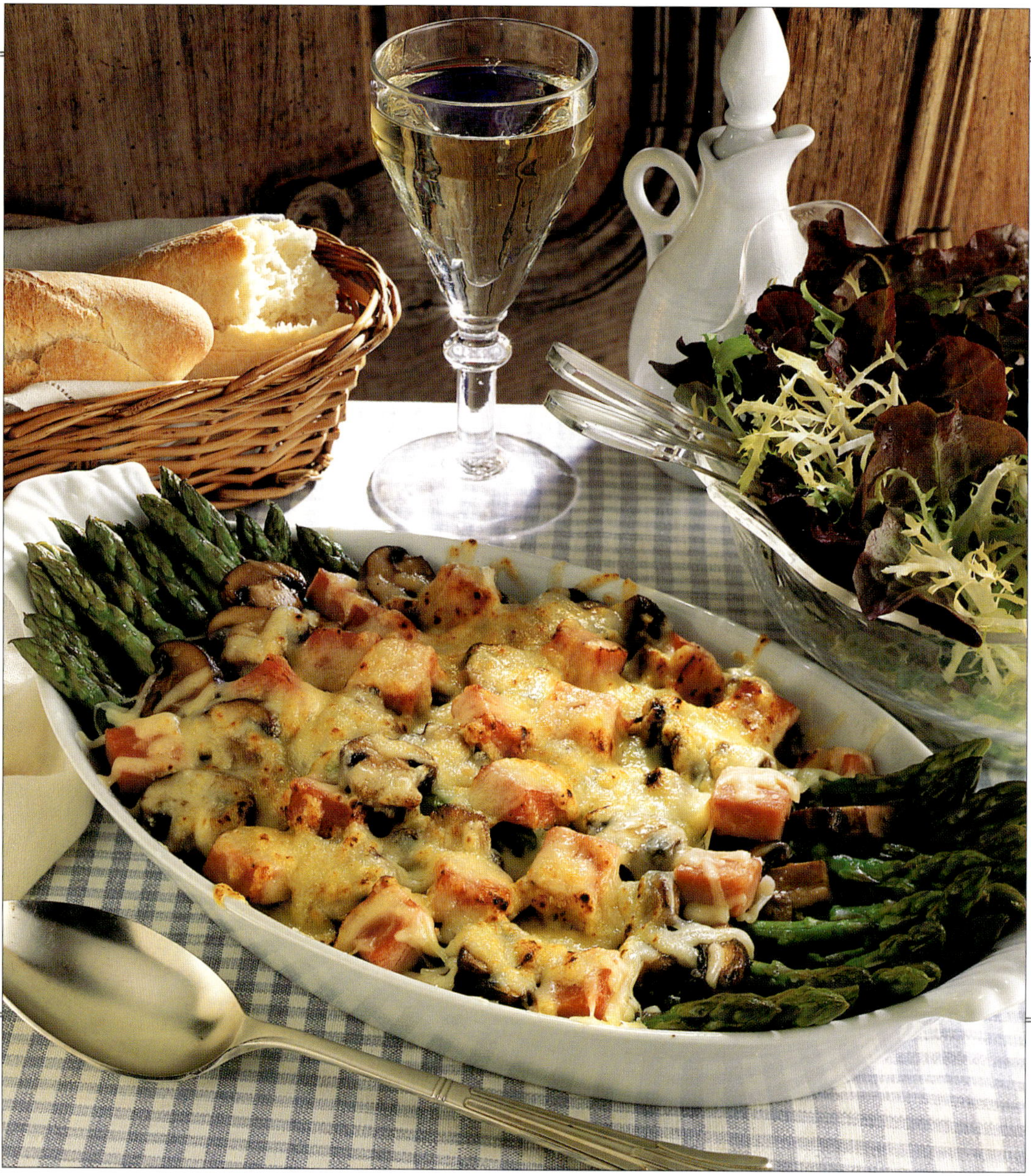

Dazu schmecken frisches Baguette und Blattsalat mit Frühlingszwiebeln und Vinaigrette.

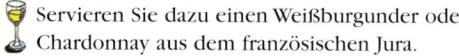 Servieren Sie dazu einen Weißburgunder oder Chardonnay aus dem französischen Jura.

FRANZÖSISCHES SPARGEL-PILZ-GRATIN

FRANKREICH

ZUTATEN
(Für 4 Portionen)

- 1 kg grüner Spargel
  (siehe Zutatentip)
- Salz, 1 Prise Zucker
- 125 g Butter
- 2 Zitronenscheiben
- 500 g kleine Egerlinge
- 150 g gekochter Schinken
- 125 g Gruyère de Comté
  (siehe Zutatentip)
- schwarzer Pfeffer
- 2 EL gehackte Petersilie

ZUTATENTIP

- Den kräftig-aromatischen Gruyère de Comté können Sie durch Schweizer Emmentaler oder Gruyère ersetzen.
- Probieren Sie das Rezept einmal mit weißem Spargel und milderem Käse.

Frischer Spargel und feine Champignons gehen in diesem Gratin eine schmackhafte Verbindung ein. Es ist Variante des in der Franche-Comté beliebten Spargel-Morchel-Gratins.

1 Den Spargel waschen. Die Enden dünn abschälen und gleichmäßig kürzen.

2 In einem großen Topf wenig Wasser mit Salz, Zucker, 1 TL Butter und den Zitronenscheiben zum Kochen bringen. Den Spargel hineingeben und zugedeckt bei mittlerer Hitze in 8-10 Minuten bißfest garen.

3 Backofen auf 200 °C vorheizen. Egerlinge putzen und in Scheiben schneiden. Den Schinken würfeln, den Käse reiben.

4 Den Spargel gut abtropfen lassen. Die Hälfte der Butter in einer Pfanne aufschäumen. Den Spargel hineingeben und darin schwenken. Mit Salz, Pfeffer und Petersilie würzen und den Spargel herausheben.

5 Die restliche Butter in der Pfanne zerlassen und die Pilze darin anbraten. Salzen, pfeffern und mit dem Schinken vermischen.

6 Den Spargel mit nach außen zeigenden Spitzen in einer länglichen Auflaufform arrangieren. Die Pilz-Schinken-Mischung darüber verteilen. Mit dem Käse bestreuen und in 20 Minuten im Ofen (Gas 3; Umluft 180 °C) knusprig gratinieren.

Schritt 1

Schritt 3

Schritt 6

Vorbereiten 50 Min. Backen 20 Min.
Pro Portion: 491 kcal/2060 kJ;
23 g EW; 39 g F; 11 g KH

TYPISCH FRANZÖSISCH

In der Franche-Comté, jenem Gebiet zwischen dem französischen Jura und dem Fluß Saône, gibt es nicht nur weißen und grünen Spargel in Hülle und Fülle. Besonders bekannt ist auch der Gruyère de Comté, ein äußerst würziger Hartkäse aus diesem Teil Frankreichs.

ℬLUMENKOHL-BROKKOLI-GRATIN MIT CHEDDAR

Diese Variante des englischen »Cauliflower cheese«, also des überbackenen Blumenkohls, ist in aller Welt beliebt! Unter der knusprigen Kruste können die Röschen schonend garen.

ZUTATEN
(Für 4 Portionen)

- 1 kleiner Blumenkohl (etwa 500 g)
- 500 g Brokkoli
- 1 Knoblauchzehe
- 1 Möhre
- 150 g Bacon in Scheiben (siehe Zutatentip)
- 1 EL Öl
- Salz, schwarzer Pfeffer
- 100 ml Gemüsebrühe
- 150 g Cheddar (siehe Zutatentip)

AUSSERDEM
- Butter für die Form

ZUTATENTIP

- Englischer Bacon kann durch fetteren Räucherspeck ersetzt werden.
- Nehmen Sie statt Cheddar einmal mittelalten Gouda.

1 Blumenkohl und Brokkoli in Röschen teilen und waschen. Harte Brokkolistiele bei Bedarf schälen, den Knoblauch abziehen.

2 In einem kleinen Topf etwas Salzwasser aufkochen und darin die Röschen zugedeckt in etwa 5 Minuten bißfest garen. Abgießen, abschrecken und abtropfen lassen.

3 Die Möhre schälen und in kleine Würfel, Bacon ebenfalls in Würfel schneiden. Eine große Gratinform mit Butter ausfetten. Den Backofen auf 225 °C vorheizen.

4 Das Öl in einer Pfanne erhitzen und den Speck darin knusprig braten. Knoblauch dazupressen und die Möhrenwürfel hinzufügen. Die Mischung mit Salz und Pfeffer würzen und unter Rühren 3 Minuten braten.

5 Zuerst die Röschen, dann die Speck-Möhren-Mischung in die Gratinform geben. Die Gemüsebrühe seitlich angießen. Den Cheddar grob reiben und über das Gemüse streuen. Das Gericht in den Ofen schieben und (Gas 4; Umluft 200 °C) in 15 Minuten goldgelb überbacken.

Schritt 1

Schritt 3

Schritt 5

Vorbereiten 40 Min. Backen 15 Min.
Pro Portion: 480 kcal/2030 kJ;
18 g EW; 41 g F; 12 g KH

TYPISCH ENGLISCH

Der »Cauliflower cheese« steht in fast jedem englischen Haushalt auf dem Speisezettel. Zum Überbacken verwendet man Cheddar, der aus dem gleichnamigen kleinen Ort in Mittelengland stammt. Cheddar gibt es in unterschiedlichen Reifegraden, von sehr mild bis äußerst pikant. Er reift bis zu zwei Jahre.

KOCHTIP

Achten Sie darauf, daß die zarten Blumenkohl- und Brokkoliröschen wirklich nur knackig vorgegart und nicht komplett gargekocht werden. Beim Überbacken garen sie später in wenig Flüssigkeit unter der schützenden Käsekruste noch nach und würden sonst viel zu weich werden.

SERVIERTIP

Dazu ein Blattsalat mit Gurke und Ei, neue Kartoffeln oder auch »Chips«, die englischen Pommes frites.

Als Getränk sollten Sie ein englisches Bier, beispielsweise ein Ale, servieren.

35

WALISISCHES LAUCH-TOMATEN-GRATIN

GROSSBRITANNIEN

ZUTATEN
(Für 4 Portionen)

- 4 dicke Stangen Lauch (etwa 1.2 kg)
- 750 g Tomaten
- 200 g gekochter Schinken (in dünnen Scheiben)
- 200 g Schlagsahne
- 1 Eigelb
- Salz, schwarzer Pfeffer
- 2 EL Semmelbrösel
- je 50 g Blue Stilton und Cheddar (siehe Zutatentip)

AUSSERDEM
- Butter für die Form

ZUTATENTIP

Blue Stilton ist ein Kuhmilch-käse mit Blauschimmel und schmeckt je nach Reifegrad mild bis kräftig. Sie können ihn durch Gorgonzola erset-zen. Den Cheddar sollten Sie des Geschmacks wegen aller-dings beibehalten.

Schnell vorzubereiten, preiswert und einfach köstlich! Dieses Gratin zeigt, was die »Insel-Küche« zu bieten hat: Schinken und vitaminreichen Lauch mit englischem Käse überbacken.

1 Lauch putzen und waschen, dazu mög-lichst nicht aufschlitzen. Anschließend schräg in 1-2 cm breite Ringe schneiden. Reichlich Wasser in einem Topf aufkochen und den Lauch darin etwa 2 Minuten vor-garen. In ein Sieb abgießen und gut ab-tropfen lassen.

Schritt 1

2 Die Tomaten waschen, von den Stielan-sätzen befreien und in Scheiben schnei-den. Die Schinkenscheiben vierteln.

3 Den Backofen auf 200 °C vorheizen. Eine Gratinform mit Butter ausfetten und ab-wechselnd diagonal die Lauchringe, Toma-tenscheiben und den Schinken einschichten.

Schritt 3

4 Die Sahne mit dem Eigelb verquirlen, mit Salz und Pfeffer würzen und gleichmäßig über alle Zutaten gießen. Die Semmelbrösel gleichmäßig darüberstreuen.

5 Den Blue Stilton zerbröckeln und den Cheddar reiben. Die beiden Käsesorten mischen und über das Gemüse streuen. Das Gratin im Ofen (Gas 3; Umluft 180 °C) in etwa 20 Minuten goldbraun überbacken.

Schritt 5

Vorbereiten 30 Min. Garen 30 Min.
Pro Portion: 480 kcal/2020 kJ;
25 g EW; 32 g F; 27 g KH

TYPISCH WALISISCH

Lauch, beliebtes einheimisches Gemüse von Wales, erhielt den Rang eines nationalen Symbols: Im Kampf gegen die Sachsen wurde Lauch zur Identifizierung verwendet. Noch heute ehrt man das Gemüse jährlich am wali-sischen Nationalfeiertag, dem St. David's Day. Zahlreiche Lauchgerichte werden aufgetischt.

KOCHTIP

- Waschen Sie den Lauch sehr gründlich. Oft versteckt sich Sand zwischen den Blattschichten.
- Der Lauch muß vorgegart werden, da er von fester Struktur ist und beim Gratinieren nicht gar würde.
- Verwenden Sie auf alle Fälle zwei verschiedene Käsesorten, eine davon am besten mit Blauschimmel.

SERVIERTIP

Als Beilage eignet sich zu diesem Gericht Kartoffelpüree mit Petersilie oder ein frisches Bauernbrot.

Als Getränk können Sie nach Belieben Bier oder Mineralwasser reichen.

ÜBERBACKENER ROSENKOHL

Beliebte norddeutsche Zutaten in neuem Gewand: Kasseler und Rosenkohl mit Semmelbröseln überbacken. Überraschen Sie Ihre Familie mit diesem raffiniert-einfachen Gericht.

ZUTATEN
(Für 4 Portionen)

- 1 kg Rosenkohl (siehe Zutatentip)
- 2 Zwiebeln
- 1 Knoblauchzehe
- 125 g Butter
- 200 ml Brühe
- geriebene Muskatnuß
- 100 g Semmelbrösel
- 300 g Kasseler (in ½ cm dicken Scheiben)
- Salz, schwarzer Pfeffer

AUSSERDEM
- Butter für die Form

ZUTATENTIP

Außerhalb der Saison können Sie auch tiefgefrorenen Rosenkohl verwenden. Lassen Sie das Gemüse vor dem Einschichten aber auftauen.

1 Den Rosenkohl putzen, waschen und am Strunk kreuzförmig einschneiden. Die Zwiebeln und den Knoblauch schälen, Zwiebeln sehr fein würfeln.

2 In einem großen Topf 2 EL Butter erhitzen. Die Zwiebeln darin glasig werden lassen, dann den Knoblauch darüberpressen. Den Rosenkohl dazugeben, kurz anbraten und mit Brühe ablöschen. Mit Muskat würzen. Den Rosenkohl im geschlossenen Topf etwa 15 Minuten bei schwacher Hitze garen.

3 Inzwischen den Backofen auf 200 °C vorheizen. Eine große Gratinform mit etwas Butter ausfetten. Restliche Butter in einer Pfanne aufschäumen lassen und die Semmelbrösel darin goldbraun rösten.

4 Die Kasselerscheiben in kleine Würfel schneiden und in der Gratinform mit der Rosenkohl-Zwiebel-Mischung vermengen. Mit Salz und Pfeffer würzen. Semmelbrösel darüber verteilen und das Gratin im Ofen (Gas 3; Umluft 180 °C) in etwa 15 Minuten überbacken.

Schritt 1

Schritt 3

Schritt 4

Vorbereiten 30 Min. Backen 15 Min.
Pro Portion: 600 kcal/2520 kJ;
28 g EW; 39 g F; 37 g KH

TYPISCH NORDDEUTSCH
Rosenkohl stellt wenig Ansprüche an Klima und Boden und gedeiht deshalb auch im rauhen Klima des Nordens. Kräftige Kost war hier schon immer angesagt, denn das Leben bei dem häufigen Wind und Regen verlangt zu Recht kalorienreiche, üppige Gerichte.

KOCHTIP

• Überbackener Rosenkohl schmeckt auch lecker zu gepökelter oder geräucherter Schweinerippe. Bereiten Sie ihn dann jedoch ohne Kasseler, zu.

• Wer noch altbackene Brötchen im Hause hat, kann daraus leicht Semmelbrösel herstellen: einfach die Brötchen auf einer feinen Küchenreibe reiben.

SERVIERTIP

Reichen Sie dazu ein helles Bauernbrot. Als Vorspeise eignet sich Fleischsülze mit Remoulade, als Nachspeise rote Grütze.

 Als Getränk ein kühles Bier, Mineralwasser oder einen leichten roten Landwein anbieten.

$\mathcal{K}$NUSPRIGER BROTAUFLAUF AUS MECKLENBURG

DEUTSCHLAND

Ein köstlicher Auflauf aus altbackenem Brot und frischen Pilzen, der mit Champignons und Austernpilzen, aber auch mit Pfifferlingen und Steinpilzen zubereitet werden kann.

ZUTATEN
(Für 4 Portionen)

- 500 g gemischte Pilze
- 100 g durchwachsener Räucherspeck
- 1 Bund glatte Petersilie
- 1 Bund Schnittlauch
- 3 Zwiebeln
- 500 g altbackenes Weißbrot
- 50 g Gänseschmalz (siehe Zutatentip)
- Salz, schwarzer Pfeffer
- ¼ l Milch
- 100 g Hartkäse
- 200 g Schlagsahne
- 1 Ei, 1 Eigelb

AUSSERDEM
- Gänseschmalz für die Form

ZUTATENTIP

Wem Gänseschmalz im Geschmack zu streng ist, der ersetzt es am besten durch Öl oder Butter.

1 Die Pilze mit einem feuchten Tuch abreiben, putzen und fein würfeln. Den Speck klein würfeln. Die Kräuter waschen, trockenschütteln und fein hacken. Zwiebeln schälen und fein würfeln. Das Brot in etwa 1 cm dicke Scheiben schneiden.

2 Das Schmalz in einer Pfanne erhitzen und die Zwiebeln darin glasig werden lassen. Den Speck und die Pilze dazugeben und unter Rühren 5 Minuten anbraten. Mit Salz, Pfeffer und Kräutern abschmecken.

3 Backofen auf 175 °C vorheizen. Eine große Auflaufform mit Gänseschmalz ausfetten. Das Weißbrot dachziegelartig in die Form legen. Die Milch aufkochen und gleichmäßig über die Brotscheiben gießen.

4 Die Pilz-Speck-Mischung nochmals abschmecken und zwischen den Brotscheiben verteilen. Den Käse grob reiben und gleichmäßig darüberstreuen.

5 Sahne, Ei und Eigelb gut verquirlen, über die Zutaten in der Form gießen. Auflauf im Ofen (Gas 2; Umluft 150 °C) in etwa 45 Minuten knusprig überbacken.

Schritt 1

Schritt 3

Schritt 4

Vorbereiten 1 Std. Backen 45 Min.
Pro Portion: 990 kcal/4130 kJ;
30 g EW; 54 g F; 90 g KH

TYPISCH MECKLENBURG

Mecklenburg und Vorpommern rühmen sich ihrer deftigen, aber dennoch raffinierten Küche. Für diesen herzhaften Brotauflauf – übrigens eine Variante des beliebten süßen »Scheiterhaufens« – liefern gutgefütterte, pommerschen Gänse das Schmalz.

KOCHTIP

• Der Auflauf kann bis Schritt 4 gut vorbereitet und einige Stunden kalt gestellt werden. Die Eiersahne erst kurz vor dem Backen darübergeben.

• Gehen Sie bei diesem Gericht mit den Gewürzen ruhig etwas großzügiger um, da das Brot ein Großteil ihres Aromas »verschlingt«.

SERVIERTIP

Zu diesem Gericht paßt am besten ein grüner Salat mit Schnittlauch und Radieschen.

 Als Getränk ein kühles Bier oder aber eine spritzige Weißweinschorle servieren.

SERVIERTIP Knusprig gebratene Kartoffeln
schmecken zu diesem Gericht besonders lecker.

 Als Getränk paßt gut ein leicht perlender
Weißwein oder ein holländisches Bier.

42

BROKKOLI IN HOLLÄNDISCHER KÄSESAUCE

NIEDERLANDE

ZUTATEN
(Für 4 Portionen)

- 750 g Brokkoli
- 250 g Tomaten
- 200 g gekochter Schinken
- 1 Zwiebel
- 2 EL Butter
- 2 EL Mehl
- 400 ml Milch
- 100 g Blauschimmelkäse
- 150 g alter Gouda
  (siehe Zutatentip)
- Salz, schwarzer Pfeffer

AUSSERDEM
- Butter für die Form
- gehackte Petersilie

ZUTATENTIP

Experimentieren Sie einmal mit verschiedenen Gouda-sorten: Verwenden Sie zum Beispiel einen Gouda mit Kümmel oder mit Kräutern. Diese Sorten gibt es allerdings nur als junge Käse.

Ein Auflauf, der bekannte niederländische Zutaten in sich vereint: frisches Gemüse und Käse. Alter Gouda und gekochter Schinken sorgen für einen kräftig-pikanten Geschmack.

1 Brokkoli waschen, putzen, in Röschen zerteilen, harte Stiele schälen. Etwas Salzwasser aufkochen und den Brokkoli darin zugedeckt 5 Minuten vorgaren. Abgießen und abtropfen lassen.

2 Die Tomaten waschen, vierteln, entkernen und ohne die Stielansätze in feine Streifen schneiden. Schinken ebenfalls in Streifen schneiden. Die Zwiebel schälen und sehr fein würfeln.

3 Die Butter in einem Topf zerlassen und die Zwiebel darin glasig werden lassen. Mehl darüberstreuen und unter Rühren goldgelb anschwitzen. Nach und nach die Milch einrühren und alles zu einer dicklichen Sauce einkochen lassen. Beide Käse würfeln und in der Sauce schmelzen. Bei schwacher Hitze 2-3 Minuten köcheln lassen, mit Salz und Pfeffer abschmecken. Den Backofen auf 225 °C vorheizen.

4 Eine Gratinform mit Butter ausfetten. Brokkoli, Tomaten und Schinken in die Form schichten und würzen. Die Sauce über das Gemüse gießen. Im Ofen (Gas 4; Umluft 200 °C) auf oberer Schiene etwa 15 Minuten überbacken. Mit Petersilie bestreuen.

Schritt 1

Schritt 2

Schritt 4

Vorbereiten **40** Min. Backen **15** Min.
Pro Portion: 510 kcal/2140 kJ;
33 g EW; 32 g F; 21 g KH

TYPISCH HOLLÄNDISCH

Zu den berühmtesten holländischen Käsesorten gehört Gouda, den Bauern seit über 500 Jahren aus Kuhmilch herstellen. Erfunden wurde der Käse nicht etwa in der gleichnamigen Stadt Gouda, sondern in Stolwijk, einem kleinen Nachbardorf.

CHICORÉEGRATIN MIT SCHINKEN

Die leicht bitteren Chicoréestauden werden für diesen Auflauf gedünstet, mit gekochtem Schinken umwickelt und in einer sahnigen Béchamelsauce mit Käse und Petersilie überbacken.

ZUTATEN
(Für 4 Portionen)

- 8 gleichmäßige Chicoréestauden
- 3 EL Zitronensaft
- 3 EL Butter
- 2½ EL Mehl
- ¼ l Brühe
- ¼ l Milch
- 150 g mittelalter Gouda
- 1 Bund glatte Petersilie
- geriebene Muskatnuß
- Salz, weißer Pfeffer
- 8 Scheiben gekochter Schinken (siehe Zutatentip)

AUSSERDEM
- Butter für die Form

ZUTATENTIP

Einen kräftigeren Geschmack erhält das Gericht, wenn Sie die Chicoréestauden mit geräucherten Schinken- oder Speckscheiben umwickeln.

1 Den Chicorée waschen, die Strünke keilförmig herausschneiden (siehe Kochtip). Etwas Salzwasser mit dem Zitronensaft zum Kochen bringen und den Chicorée darin zugedeckt bei mittlerer Hitze in 10 Minuten nicht zu weich garen.

2 Inzwischen den Backofen auf 225 °C vorheizen. Eine große Gratinform mit Butter ausfetten. Die Butter in einem Topf aufschäumen lassen, das Mehl hinzufügen und hell anschwitzen. Unter Rühren zuerst die Brühe, dann die Milch unterrühren und dicklich einkochen lassen.

3 Den Käse grob reiben. Die Petersilie waschen, trockenschütteln und fein hacken. Käse und Petersilie unter die Sauce rühren, mit Muskat, Salz und Pfeffer abschmecken. Die Sauce nicht mehr kochen.

4 Chicorée abgießen und mit Küchenpapier trockentupfen. Jede Staude mit einer Schinkenscheibe umwickeln und nebeneinander in die Form legen.

5 Sauce über dem Chicorée verteilen. Das Gratin im Ofen (Gas 4; Umluft 200 °C) in etwa 20 Minuten überbacken.

Schritt 1

Schritt 2

Schritt 4

Vorbereiten 40 Min. Backen 20 Min.
Pro Portion: 540 kcal/2280 kJ; 37 g EW; 35 g F; 16 g KH

TYPISCH BELGISCH

In Belgien, der Heimat des Chicorée, sind die herben Stauden so beliebt, daß sie in großem Umfang in Gewächshäusern angebaut werden und auf jedem Markt zu finden sind. Der Anbau erfolgt übrigens in völliger Dunkelheit, denn nur so behalten die Stauden ihre appetitlich hellgrüne Farbe.

KOCHTIP

Die Bitterstoffe des Chicorée befinden sich vor allem im unteren Schaftteil. Schneiden Sie deshalb mit einem spitzen Messer ein kegelförmiges Stück aus dem Schaft heraus. Es gibt allerdings inzwischen auch Chicoréesorten, die weniger Bitterstoffe enthalten und vollständig verzehrt werden können.

SERVIERTIP

Zu diesem Gericht passen Salzkartoffeln oder helles Bauernbrot mit Butter und etwas Petersilie.

 Als Getränk eignet sich ein gut gekühltes belgisches Bier, zum Beispiel ein Hoegaarden.

RUSSISCHES PILZGRATIN MIT SAUERRAHM

RUSSLAND

Große Pilzköpfe erhalten eine Gemüsefüllung und werden mit einer Eier-Sahne-Sauce überbacken. Diese Schlemmerei hat auch außerhalb Rußlands viele Freunde gefunden.

ZUTATEN
(Für 4 Portionen)

- 8 große Egerlinge (etwa 400 g; siehe Zutatentip)
- 1 Bund Suppengrün
- 1 große Zwiebel
- 1 Knoblauchzehe
- 4 EL Öl
- 2 EL Schnittlauchröllchen
- Salz, schwarzer Pfeffer
- 3 Eigelbe
- 200 g saure Sahne
- 2 EL Butter

AUSSERDEM
- Butter oder Öl für die Form

ZUTATENTIP

Ersetzen Sie zur Pilzsaison die Egerlinge einmal durch frische Steinpilze oder Pfifferlinge.Sie haben ein wesentlich ausgeprägteres Aroma, aber leider auch einen erheblich höheren Preis.

1 Backofen auf 225 °C vorheizen. Eine große Gratinform oder mehrere Portionsförmchen mit Butter oder Öl ausfetten.

2 Die Pilze mit einem feuchten Tuch abreiben und putzen. Stiele herausdrehen und hacken. Das Suppengrün waschen, putzen und klein würfeln. Zwiebel und Knoblauch schälen und hacken.

Schritt 2

3 In einer großen Pfanne die Hälfte des Öls erhitzen. Die Pilzköpfe darin kurz anbraten und sofort aus der Pfanne nehmen.

4 Das restliche Öl erhitzen. Gemüse, Zwiebel und gehackte Pilzstiele dazugeben. Unter Rühren 5 Minuten garen. Mit Knoblauch, Schnittlauch, Salz und Pfeffer kräftig würzen. Eigelbe und saure Sahne verrühren.

Schritt 3

5 Die Pilze in die Form oder Portionsförmchen setzen und mit dem Gemüse füllen. Ein Drittel der Eiersahne darauf verteilen, den Rest in die Form gießen.

6 Die Butter in Flöckchen auf die Pilze setzen. Die Pilze im Ofen (Gas 4; Umluft 200 °C) in etwa 30 Minuten goldgelb überbacken.

Schritt 5

Vorbereiten 25 Min. Backen 30 Min.
Pro Portion: 530 kcal/1500 kJ;
15 g EW; 27 g F; 12 g KH

TYPISCH RUSSISCH

Rußlands Wälder liefern im Herbst ein breitgefächertes Angebot an aromatischen Pilzen und laden Kenner zum Sammeln ein. Pilzgerichte erfreuen sich denn auch großer Beliebtheit, und besonders gern kombinieren die Russen ihre frischen Schätze aus dem Wald mit Sauermilchprodukten.

KOCHTIP

• Die Pilzköpfe sollten nur kurz bei schwacher Hitze angebraten werden, sonst tritt zuviel Wasser aus und das Pilzfleisch wird weich und zäh.

• Sie können das Gericht bereits 1-2 Stunden vorher vorbereiten und bis zum Überbacken abgedeckt im Kühlschrank aufbewahren.

SERVIERTIP

Dazu einen Salat aus roten Beten mit einem Dressing aus Sauerrahm und Schnittlauch oder grüne Bohnen servieren.

 Reichen Sie einen kräftigen Grauburgunder aus dem Badenland zu dem Pilzgratin.

KARTOFFELGRATIN 3 x ANDERS

Kartoffelgratins sind nicht nur als Beilage unschlagbar – kombiniert mit landestypischen Zutaten werden sie zu abwechslungsreichen Hauptgerichten aus aller Welt.

GRUNDREZEPT KARTOFFELGRATIN

Schritt 1 und 2 sind für alle drei Varianten gleich:

1 850 g festkochende Kartoffeln waschen und gründlich abbürsten. Zugedeckt in wenig Salzwasser in etwa 20 Minuten gar kochen. Abgießen, etwas abkühlen lassen und noch warm pellen.

Dann die Kartoffeln in dicke Scheiben schneiden.

2 Den Backofen auf 200 °C vorheizen. Eine feuerfeste Form mit Butter oder Olivenöl gründlich ausfetten.

BÜNDNER KARTOFFELGRATIN

Vorbereiten **45** Min. Backen **45** Min.

SCHWEIZ

- Kartoffeln, Salz
- Butter für die Form

AUSSERDEM
- 1 kleine Zwiebel
- 150 g Emmentaler
- 100 g Bündner Fleisch oder Schinken
- ¼ l Milch
- 2 Eier
- Paprikapulver
- 3 EL gehackte Petersilie
- 40 g Sbrinz

3 Die Zwiebel schälen, würfeln. Den Käse grob reiben und das Bündner Fleisch würfeln.

4 Zwiebelwürfel in die Form streuen. Kartoffeln, Käse und Fleisch dachziegelartig in die Form schichten.

5 Milch, Eier, Salz, Paprikapulver und Petersilie verquirlen und über die Kartoffeln gießen. Sbrinz reiben, darüberstreuen und in etwa 45 Minuten (Gas 3; Umluft 180 °C) goldbraun überbacken.

KARTOFFEL-REIS-GRATIN

Vorbereiten **40** Min.   Backen **45** Min.

KROATIEN

- Kartoffeln, Salz
- Butter für die Form

AUSSERDEM
- 1 Knoblauchzehe
- 250 g saure Sahne
- 100 ml Gemüse-
  brühe
- 2 TL Mehl
- schwarzer Pfeffer
- 2 Bund Petersilie
- 100 g gekochter
  Langkornreis
- 75 g Butter
- 200 g Räucher-
  speck

3 Knoblauch schälen
und durchpressen.
Mit saurer Sahne, Ge-
müsebrühe, Mehl, Salz
und Pfeffer verrühren.
Petersilie fein hacken.

4 Die Kartoffeln
abwechselnd mit
der Petersilie, dem Reis
und der Butter ein-
schichten. Mit einer
Schicht Kartoffeln enden
und mit der Sahne-
mischung übergießen.

5 Die Speckscheiben
auf die Kartoffeln
legen und das Gratin
45 Minuten (Gas 3;
Umluft 180 °C) backen.

KARTOFFEL-OLIVEN-GRATIN

Vorbereiten **45** Min.   Backen **40** Min.

SPANIEN

- Kartoffeln, Salz
- Olivenöl für die
  Form

AUSSERDEM
- 1 große Zwiebel
- 400 g Rinderhack
- 2 EL Olivenöl
- 200 ml trockener
  Rotwein
- 2 EL Tomatenmark
- schwarzer Pfeffer
- 2 TL getrockneter
  Thymian
- 150 g gefüllte
  grüne Oliven
- 100 g Manchego

3 Zwiebel schälen,
würfeln, mit dem
Hackfleisch in Öl anbra-
ten. Wein und Tomaten-
mark dazugeben. Sal-
zen, pfeffern, Thymian
dazugeben und offen
15 Minuten köcheln las-
sen. Oliven halbieren,
die Hälfte unterrühren.

4 Die Hälfte der Kar-
toffeln, die Sauce
und dann die restlichen
Kartoffeln einschichten.

5 Käse reiben, mit üb-
rigen Oliven darü-
berstreuen. In 40 Minu-
ten (Gas 3; Umluft 180
°C) goldbraun backen.

SERVIERTIP Vorweg einen erfrischenden Möhren-Orangen-Salat reichen, zum Hauptgang Fladenbrot.

Als Getränk bietet sich ein trockener israelischer Rotwein aus der Gegend um Tel Aviv an.

ISRAELISCHER SPINATAUFLAUF

Hier präsentiert sich Blattspinat auf neue Art: Mit dreierlei Käse und Quark verschmilzt er zu einem so leckeren Gericht, daß sicher auch Spinatmuffel begeistert zugreifen werden.

ZUTATEN
(Für 4 Portionen)

- 1 kg Blattspinat (siehe Zutatentip)
- 2 Bund Dill
- Salz, schwarzer Pfeffer
- 250 g Quark
- 4 Eier
- 2 EL Mehl
- je 150 g Schafskäse, Butterkäse und mittelalter Gouda (siehe Zutatentip)

AUSSERDEM
- Butter für die Form

ZUTATENTIP

- Statt Spinat können Sie für diesen Auflauf auch Zucchini oder Lauch verwenden.
- Lassen Sie keine der drei Käsesorten weg – erst durch die Kombination wird der Auflauf richtig lecker.

1 Den Spinat gründlich waschen und verlesen, dabei die groben Stiele entfernen. Den Spinat tropfnaß in einen großen Topf geben und zugedeckt bei mittlerer Hitze in etwa 3 Minuten zusammenfallen lassen.

2 Spinat mit einem Schaumlöffel in ein Sieb heben und gut abtropfen lassen. Mit Hilfe eines Kochlöffels zusätzlich Feuchtigkeit aus dem Spinat pressen.

Schritt 2

3 Den Dill waschen, trockenschütteln und hacken, einige Spitzen zum Garnieren aufbewahren. Den Rest unter den Spinat mischen. Mit Salz und Pfeffer abschmecken. Den Backofen auf 175 °C vorheizen. Eine Auflaufform gründlich mit Butter ausfetten. In einer großen Schüssel den Quark mit den Eiern und dem Mehl verrühren.

Schritt 3

4 Alle Käse reiben oder klein würfeln und zusammen mit dem Spinat unter den Quark rühren. Die Masse in die Auflaufform füllen und im Ofen (Gas 2; Umluft 160 °C) etwa 50 Minuten backen. Mit Dill garnieren.

Schritt 4

Vorbereiten **50** Min. Backen **40** Min.
Pro Portion: 580 kcal/2440 kJ;
46 g EW; 36 g F; 13 g KH

TYPISCH ISRAELISCH

Ein kurzer Blick in die von vielen Kulturen beeinflußte israelische Küche macht sogleich deutlich: Bei den Israelis stehen Milchprodukte hoch im Kurs. Für eine Großzahl landestypischer Gerichte gehören Käse, Quark oder Joghurt zu den unerläßlichen Zutaten.

FENCHEL MIT TUNESISCHER HACKFLEISCHFÜLLUNG

TUNESIEN

Auf einem Bett aus Tomaten liegen Fenchelblätter, die mit einer exotisch gewürzten Hackfleisch-Schafskäse-Füllung und mit Pinienkernen bestreut im Ofen überbacken werden.

ZUTATEN
(Für 4 Portionen)

- 4 mittelgroße Fenchel-knollen (etwa 800 g)
- 2 EL Zitronensaft
- 1 Bund glatte Petersilie
- 350 g Hackfleisch (siehe Zutatentip)
- je 1 Msp. gemahlener Kreuzkümmel, Fenchel-samen, Kurkuma, Koriander (siehe Zutatentip)
- Salz, schwarzer Pfeffer
- 3 EL Öl
- 1 Dose Tomaten (400 g)
- 50 g Schafskäse
- 2 Eier
- 6 EL Pinienkerne

ZUTATENTIP

- Am besten eignet sich Hackfleisch vom Rind oder Lamm (evtl. vorbestellen).
- Die Gewürze erhalten Sie im gut sortierten Supermarkt.

1 Fenchel waschen, trockene Schuppen-blätter entfernen und am unteren Ende eine etwa 1 cm dicke Scheibe abschneiden. Reichlich Salzwasser mit dem Zitronensaft erhitzen und den Fenchel darin zugedeckt etwa 10 Minuten garen. Abtropfen lassen.

2 Die Petersilie waschen, trockenschütteln, hacken und mit dem Hackfleisch sowie den Gewürzen mischen. Das Öl in einer Pfanne erhitzen und das Hackfleisch darin unter Rühren braun anbraten. In eine Schüssel umfüllen und abkühlen lassen.

3 Den Backofen auf 200 °C vorheizen. Den Fenchel halbieren, die inneren Fenchel-blätter herauslösen und sehr fein hacken.

4 Tomaten abgießen, abtropfen lassen, hacken, mit Salz und Pfeffer würzen und in eine große Auflaufform geben. Das gehackte Fenchelfleisch untermischen.

5 Käse in eine Schüssel bröckeln, mit den Eiern verquirlen, das Hackfleisch untermischen. Fenchelhälften damit füllen und in die Form setzen. Die Pinienkerne darüberstreuen. Im Ofen (Gas 3; Umluft 180 °C) etwa 20 Minuten backen.

Schritt 1

Schritt 2

Schritt 5

Vorbereiten 50 Min. Backen 20 Min.
Pro Portion: 500 kcal/2090 kJ;
32 g EW; 34 g F; 16 g KH

TYPISCH TUNESISCH

Gefülltes Gemüse ist ganz typisch für Tunesien. Mit Lammhackfleisch schmecken nicht nur Fenchelknollen, sondern auch ande-re Gemüsesorten, zum Beispiel Tomaten, Paprika und Auberginen. Die Füllung wird immer mit einer Vielzahl an aromatischen Gewürzen pikant abgeschmeckt.

KOCHTIP

Je nach Sorte, Alter und Größe kann die Garzeit der Fenchelknollen stark variieren. Stechen Sie mit einem spitzen Messer in die Blätter, um zu prüfen, ob sie gar sind. Der Widerstand darf nicht mehr zu groß sein. Die Knollen dürfen aber auch nicht zerfallen.

SERVIERTIP

Reichen Sie zu diesem Gericht frisches Fladenbrot oder Reis, der mit Kurkuma gelb eingefärbt wurde.

 Als Getränk gehört im arabischen Raum ein starker Minztee dazu.

ℒIBANESISCHER JOGHURT-GEMÜSE-AUFLAUF

ZUTATEN
(Für 4 Portionen)

- 150 g Kichererbsen (siehe Zutatentip)
- 250 g grüne Bohnen
- 2 Stangen Sellerie
- 250 g feste Tomaten
- 1 rote Paprikaschote
- Salz, schwarzer Pfeffer
- 1 Bund glatte Petersilie
- 3 Zweige frische Minze
- 300 g Joghurt
- 2 EL Mehl
- 3 Eier
- 3 EL Pinienkerne

AUSSERDEM
- Olivenöl für die Form

ZUTATENTIP

Es gibt zwei Kichererbsen-Arten: Die kleinen, runzligen braunen Erbsen kommen aus Indien, die haselnußgroßen, goldgelben aus dem Mittelmeerraum. Die Zubereitung ist für beide Arten identisch.

Verschiedene Gemüse und aromatische Kichererbsen werden für diesen Auflauf mit einer Joghurt-Eier-Sauce überbacken, frische Petersilie und Minze geben viel Geschmack.

1 Die Kichererbsen über Nacht in reichlich kaltem Wasser einweichen. Mit dem Einweichwasser in einen Topf geben, aufkochen und bei schwacher Hitze im geschlossenen Topf etwa 1½ Stunden köcheln lassen.

Schritt 1

2 Gemüse putzen und waschen. Von den Bohnen die Enden entfernen und entfädeln. In wenig Salzwasser 10-15 Minuten kochen. Abgießen und abtropfen lassen. Sellerie in Scheiben schneiden und 2-3 Minuten in kochendem Wasser blanchieren. Tomaten je nach Größe vierteln oder achteln. Paprikaschote in Würfel schneiden.

Schritt 2

3 Backofen auf 200 °C vorheizen. Eine Auflaufform mit Olivenöl ausfetten. Kichererbsen abgießen, abtropfen lassen, mit dem Gemüse mischen, in die Form geben.

4 Kräuter waschen, trockenschütteln und fein hacken. Joghurt mit Mehl und Eiern in einer Schüssel glattrühren. Kräuter dazugeben und kräftig salzen und pfeffern.

Schritt 5

5 Die Joghurtsauce über das Gemüse geben und mit den Pinienkernen bestreuen. Im Ofen auf mittlerer Schiene (Gas 3; Umluft 180 °C) in 30 Minuten backen.

Einweichen **12** Std. Vorbereiten 1½ Std.
Backen **30** Min.
Pro Portion: 400 kcal/1650 kJ;
21 g EW; 16 g F; 45 g KH

TYPISCH LIBANESISCH
Im Libanon ist Joghurt sehr beliebt und wird viel verwendet. Er taucht sowohl in herzhaften wie in süßen Gerichten auf, wird aber auch gern als Getränk genossen. Noch heute stellen libanesische Hausfrauen den köstlichen Joghurt selbst her.

KOCHTIP

• Kichererbsen können Sie auch im Schnellkochtopf garen. Wurden die Erbsen vorher eingeweicht, dauert das etwa 45 Minuten, ohne Einweichen 1 Stunde.

• Der Auflauf kann bis einschließlich Schritt 3 vorbereitet und dann einige Stunden kaltgestellt werden. Den Ofen natürlich erst später vorheizen.

SERVIERTIP

Servieren Sie dazu eingelegte Chilischoten und schwarze Oliven und reichen Sie frisches knuspriges Fladenbrot.

Traditionell trinkt man zu diesem Gericht heißen, stark gesüßten Pfefferminztee.

AUBERGINEN MIT INDISCHER GEMÜSEFÜLLUNG

INDIEN

Die ganze Vielfalt der indischen Gemüseküche: Zarte Auberginen werden mit einem Curry aus Linsen, Tomaten und Frühlingszwiebeln gefüllt und überbacken.

ZUTATEN
(Für 4 Portionen)

- 2 Knoblauchzehen
- 125 g geschälte rote Linsen
- 2 große Auberginen
- 8 EL Öl
- Salz, schwarzer Pfeffer
- 3 Frühlingszwiebeln
- 200 g Tomaten
- 1-2 TL Currypulver
- 1 TL gemahlener Kreuz- kümmel (siehe Zutatentip)
- 1 Msp. gemahlener Zimt
- 1 Msp. Cayennepfeffer
- frisch gehackte Minze

AUSSERDEM
- Öl für die Form

ZUTATENTIP

Kreuzkümmel ist ein wichtiges Gewürz der indischen Küche, dessen besonderen Geschmack man eigentlich durch nichts, vor allem nicht durch Kümmel, ersetzen kann.

1 Den Knoblauch schälen und fein würfeln. Die Linsen kalt abspülen, mit ½ l Wasser und dem Knoblauch zugedeckt bei milder Hitze in etwa 8 Minuten weich kochen.

2 Den Backofen auf 200 °C vorheizen. Die Auberginen waschen, längs halbieren. Mit einem Löffel das Fruchtfleisch herauslösen, dabei einen etwa 1 cm breiten Rand stehen lassen. Das Fruchtfleisch fein würfeln.

Schritt 2

3 Eine Auflaufform mit Öl ausfetten und die Auberginenhälften hineinsetzen. Mit 3 EL Öl einpinseln, würzen. Im Ofen (Gas 3; Umluft 180 °C) in etwa 10 Minuten nicht zu weich vorgaren.

4 Die Frühlingszwiebeln putzen und waschen. Das helle Grün schräg in Ringe schneiden. Die Tomaten kurz blanchieren, enthäuten, vierteln, entkernen und würfeln.

Schritt 4

5 Die Zwiebeln in 3 EL Öl anbraten, mit Curry bestreuen. Tomaten, Auberginenfleisch und Gewürze dazugeben. Bei schwacher Hitze 5 Minuten köcheln. Linsen abgießen, abtropfen lassen und untermischen. In die Auberginen füllen, mit dem restlichen Öl beträufeln und in 15 Minuten überbacken.

Schritt 5

Vorbereiten 45 Min. **Garen 15** Min.
Pro Portion: 340 kcal/1420 kJ;
11 g EW; 20 g F; 33 g KH

TYPISCH INDISCH

Currys, die typischen Eintopfgerichte, sind in Indien sehr beliebt und werden oft mit Hülsenfrüchten – in Indien »Dals« genannt – zubereitet. Diese Currys haben den Vorteil, daß sie einen hohen Anteil an Ballaststoffen und nur wenig Fett enthalten, aber einfach köstlich schmecken.

KOCHTIP

Geschälte rote Linsen schmecken zwar besonders
gut, zerfallen beim Garen jedoch leider sehr schnell.
Wer möchte, kann sie durch grüne Linsen ersetzen,
die beim Kochen ihre Form behalten. Auch unge-
schälte rote Linsen mit ihrem deutlich kräftigeren
Aroma sind für dieses Gericht bestens geeignet.

SERVIERTIP

Reichen Sie als Ergänzung frisch aufgebak-
kenes Chapati, indisches Fladenbrot, das Sie im
Asienladen vorgebacken bekommen können.

Ein erfrischendes »Nimboo Paani«, ein Getränk
aus Wasser, Zitronensaft und Eis, stillt den Durst.

TEXANISCHER CHILIAUFLAUF

USA

Lernen Sie feuriges »Chili con carne« einmal anders kennen. Hier eine ganz besondere, leicht bekömmliche Variante mit Hähnchenfleisch und knusprigen Parmesan-Streuseln.

ZUTATEN
(Für 4 Portionen)

- 400 g Hähnchenbrustfilets
- 3-4 frische Chilischoten
- 2 große Zwiebeln
- 2 Knoblauchzehen, 3 EL Öl
- 1 Dose Tomaten (800 g)
- Salz, schwarzer Pfeffer
- 1 Prise gemahlener Kreuzkümmel
- 2-3 EL Tomatenmark
- 1 Dose Maiskörner (400 g)
- 1 Dose Kidney-Bohnen

AUSSERDEM

- 2 rote Paprikaschoten
- 2 EL Öl
- Salz, schwarzer Pfeffer
- 60 g weiche Butter
- 3 EL Semmelbrösel
- 3 EL geriebener Parmesan

ZUTATENTIP

Je länger Chili gegart wird, desto schärfer wird es. Kurz gebraten, verleiht es dem Gericht eine feine Würze.

1 Das Fleisch waschen, trockentupfen und klein würfeln. Chilischoten aufschlitzen, von Stielansätzen und Samensträngen befreien, waschen und fein hacken. Zwiebeln schälen und würfeln, Knoblauch schälen.

2 Fleisch in 2 EL erhitztem Öl anbraten und herausheben. Restliches Öl erhitzen und die Zwiebeln darin glasig werden lassen. Den Knoblauch dazupressen, Chilis hinzufügen und kurz anbraten. Die Tomaten mit dem Saft dazugeben, zerdrücken, mit Gewürzen und Tomatenmark würzen und offen 15 Minuten köcheln lassen.

3 Backofen auf 225 °C vorheizen. Mais und Bohnen in ein Sieb gießen, kalt abbrausen und abtropfen lassen. Mit dem Fleisch unter die Tomaten rühren. Aufkochen, abschmecken und in eine Auflaufform füllen.

4 Die Paprikas putzen, waschen und fein würfeln. Das Öl erhitzen und die Würfel darin kurz anbraten. Salzen und pfeffern. Butter, Semmelbrösel und Parmesan mit einer Gabel verkneten und mit den Händen zu Streuseln verarbeiten. Alles auf dem Chili verteilen und im Ofen (Gas 4; Umluft 200 °C) in 15 Minuten überbacken.

Schritt 1

Schritt 2

Schritt 4

Vorbereiten **45** Min. Backen **15** Min.

Pro Portion: 700 kcal/2920 kJ; 44 g EW; 31 g F; 70 g KH

TYPISCH TEXANISCH

Aus der Zeit der großen Viehtriebe im Südwesten der USA stammt die Vorliebe der Texaner für Chili. Die mit den Trecks ziehenden Köche begannen, Kräuter, Zwiebeln und Chilischoten entlang der Strecken anzupflanzen, um immer, wenn sie wieder vorbeikamen, einen kleinen Vorrat davon parat zu haben.

KOCHTIP

Statt frischer Chilischoten sind auch getrocknete
geeignet. Diese können vorher in Wasser eingeweicht
werden. Wer es besonders scharf liebt, kann die Kerne
in der Schote lassen. Vorsicht: Waschen Sie sich sofort
die Hände oder tragen Sie beim Putzen Handschuhe.
So vermeiden Sie Reizungen an Augen oder Haut
durch unbedachtes Berühren.

SERVIERTIP

Reichen Sie zu diesem Gratin selbst-
gebackene Tortillas aus Maismehl oder
Tortilla-Chips, die es fertig zu kaufen gibt.

 Ein kühles Bier, wie zum Beispiel ein mexika-
nisches Corona, löscht bestens den Durst.

KÜCHEN-LEXIKON

Die folgenden Begriffe werden in ihrer speziellen Bedeutung bei der Zubereitung von leichten Aufläufen und Gratins beschrieben.

ANSCHWITZEN

Zutaten, wie zum Beispiel Mehl für eine Einbrenne oder Tomatenmark für Saucen, werden in heißem Fett ohne Zugabe von Flüssigkeit unter Rühren ohne Farbe angebraten.

BÉCHAMELSAUCE

Helle Mehlschwitze, die mit Milch oder Brühe aufgegossen und mit Salz, Pfeffer und Muskat gewürzt wird. Sie wird häufig zum Überbacken von Fisch, Nudeln, Gemüse und Kartoffeln verwendet.

BLANCHIEREN

Lebensmittel mit heißem Wasser übergießen oder kurz in siedendem Wasser kochen und anschließend sofort unter kaltem Wasser abschrecken. Als Vorbereitung zum Einfrieren, Gratinieren oder Fritieren und um das Entfernen von Schalen oder Häuten zu erleichtern. Blattgemüse behält durch diesen Vorgang seine frische Farbe.

BULGUR

Mehr oder weniger geschälter, vorgekochter und wieder getrockneter Weizenschrot. Er kann wie Reis zubereitet werden.

CHILIS

Chilischoten stammen ursprünglich aus Südamerika und verleihen frisch oder getrocknet vielen Gerichten pikante Würze. Ihr Geschmack reicht von süßlich bis brennend scharf, wobei die schärfetragenden Samen vor dem Kochen entfernt werden können.

CHORIZO

Spanische Paprikawurst von roter Farbe, die aus gesalzenem Schweinefleisch, Knoblauch und Paprikapulver hergestellt wird. Sie wird frisch, geräuchert oder getrocknet angeboten.

EIERMILCH (ROYALE)

Mischung aus Eigelb, Sahne oder Milch, auch mit Butter. Sie wird schaumig geschlagen, gewürzt und über Gratins und Aufläufe gegeben oder als Sauce zu Gemüse, Fisch und Kalbfleisch gereicht.

AUFLAUF

Für einen Auflauf werden rohe oder kurz vorgegarte Zutaten unter Zugabe von Flüssigkeit in einer Form im Ofen gegart und oft mit Käse überbacken.

Auflaufformen

Auflaufformen sind etwas höher als Gratinformen, da die Zutaten in einer größeren Menge Flüssigkeit in der Form garen.

Einschubleiste

Aufläufe sollten auf der mittleren bis unteren Einschubleiste in den Ofen geschoben werden, da die Zutaten dann durch die Unterhitze im Auflauf fertiggaren.

Wissenswertes zum Auflauf

• Aufläufe eignen sich gut zur Resteverwertung, zum Beispiel von Bratenresten, Kartoffeln und Reis.

• Ohne Vorheizen verlängert sich die Garzeit um etwa 10-15 Minuten.

• Das Ausfetten der Form erleichtert das Herauslösen der fertiggegarten Zutaten.

GRATIN

Ein im Ofen überbackenes Gericht, bei dem bereits vorgegarte Lebensmittel abschließend gegart werden.

Gratinformen

Gratinformen sollten flach und großflächig sein, damit möglichst viel Kruste entsteht.

Einschubhöhe

Gratins werden in der Regel in der Mitte oder auf einer oberen Einschubhöhe gebacken, da so durch die Oberhitze eine knusprige Kruste entstehen kann.

Wissenswertes zum Gratin

• Sollte das Gratin im Ofen zu braun werden, kann es mit einem Stück Alufolie abgedeckt werden.

• Eine knusprige Kruste ergeben neben Käse auch Semmelbrösel, Nüsse oder zerkrümelte Tortilla-Chips.

KÄSE

Grundsätzlich gilt: je fetter der Käse, desto besser schmilzt er.

Blue Stilton

Blauschimmelkäse aus Großbritannien mit mindestens 48 % Fett i. Tr. Je nach Reifegrad mild bis kräftig oder säuerlich bis salzig-pikant im Geschmack. Während der helle Käseteig gut schmilzt, bleiben die dunklen Schimmeladern fest.

Cheddar

Britischer Hartkäse aus Kuhmilch mit mindestens 48 % Fett i. Tr. Jüngerer und mittelreifer Cheddar verfügen über hervorragende Schmelzeigenschaften.

Fontina

Halbfester, süßlich-würziger Schnittkäse aus dem Aostatal. Er wird aus Rohmilch gewonnen und enthält mindestens 45 % Fett i. Tr. Besonders geeignet für Gerichte, bei denen sich Käse und Unterlage verbinden sollen.

Manchego

Spanischer Hartkäse aus Schafsmilch mit mindestens 50 % Fett i. Tr. Je nach Reifezeit mild bis würzig im Geschmack. Älterer Manchego ist von fester Konsistenz und ergibt auf Gratins eine knusprige Kruste.

Sbrinz

Feinschmelzender Hartkäse aus der Innerschweiz mit 45 % Fett i. Tr. Er ist pikant im Geschmack und von mürber, bröckeliger Struktur. Auf Aufläufen und Gratins bildet er eine geschmeidige Kruste.

KALORIEN SPAREN

• Sahne kann durch Milch ersetzt werden.
• Wenn möglich, fettarme Käse- und Wurstsorten verwenden.

KURKUMA

Wird hauptsächlich in der indischen Küche verwendet und verleiht Speisen ein mild-würziges Aroma und eine intensive gelbe Farbe. Dient oft als Ersatz für teuren Safran.

MEHLSCHWITZE

Mehl und Butter zu gleichen Teilen werden bei mittlerer Hitze unter ständigem Rühren angeschwitzt und dann mit Flüssigkeit aufgegossen. Je länger Mehl und Butter gegart werden, desto dunkler gerät die Mehlschwitze.

OREGANO

Stark würzendes, herbes Küchenkraut aus dem Mittelmeerraum, das vor allem italienischen Gerichten ihr typisches Aroma verleiht.

MENÜVORSCHLÄGE

Die folgenden Menü-Zusammenstellungen sollen Ihnen als Anregungen dienen, wenn Sie Freunde oder die Familie mit einem mehrgängigen Menü überraschen möchten.

ITALIEN

SARDISCHES ZWEI-KÄSE-GRATIN 6/7
Vorspeise: Minestrone
Dessert: Zitrusfrucht-Salat

—◆—

TOSKANISCHES SCHINKEN-GEMÜSE-GRATIN 8/9
Vorspeise: Crostini mit Tomaten und Kräutern
Dessert: Kiwi-Salat

—◆—

PAPRIKASCHOTEN MIT POLENTA 10/11
Vorspeise: Schinken mit Melone
Dessert: Himbeercreme

—◆—

BASILIKUM-SPINAT-LASAGNE 12/13
Vorspeise: Auberginen mit Mozzarella
Dessert: Fruchtiger Geleering

—◆—

MOZZARELLA-HÄHNCHEN-GRATIN 14/15
Vorspeise: Bruschetta mit Knoblauch und Basilikum
Dessert: Gefüllte Pfirsiche

—◆—

GEMÜSE-CANNELLONI MIT RICOTTA 16/17
Vorspeise: Marinierte Paprikaschoten
Dessert: Zabaione

—◆—

SPANIEN

SPANISCHES PAPRIKA-CHORIZO-GRATIN 18/19
Vorspeise: Gazpacho
Dessert: Obstsalat mit Sherry-Marinade

—◆—

ZUCCHINI MIT GARNELEN AUF SPANISCHE ART 20/21
Vorspeise: Gemischter Salat
Dessert: Katalanische Creme

—◆—

PORTUGAL

PORTUGIESISCHER KABELJAU-AUFLAUF 22/23
Vorspeise: Gefüllte Champignons
Dessert: Zitronensoufflé

—◆—

GRIECHENLAND

LAUCHAUFLAUF »MYKONOS« 24/25
Vorspeise: Griechischer Salat
Dessert: Gebackene Feigen

—◆—

TÜRKEI

ANATOLISCHER WEISSKOHL-AUFLAUF 26/27
Vorspeise: Gebratener Käse
Dessert: Zitrusfrüchte mit Zimtsirup

—◆—

FRANKREICH

PROVENZALISCHER LAMMAUFLAUF 30/31
Vorspeise: Nizza-Salat
Dessert: Französische Pfirsich-Tarte

—◆—

FRANZÖSISCHES SPARGEL-PILZ-GRATIN 32/33
Vorspeise: Tomatensuppe mit Petersilie
Dessert: Mousse au chocolat

—◆—

GROSSBRITANNIEN

BLUMENKOHL-BROKKOLI-GRATIN MIT CHEDDAR
34/35
Vorspeise: Geräucherter Lachs
Dessert: Trifle mit Beeren

— ◆ —

WALISISCHES LAUCH-TOMATEN-GRATIN 36/37
Vorspeise: Ochsenschwanzsuppe
Dessert: Vanillepudding

— ◆ —

DEUTSCHLAND

ÜBERBACKENER ROSENKOHL
38/39
Vorspeise: Kastaniensuppe
Dessert: Weincreme

— ◆ —

KNUSPRIGER BROTAUFLAUF AUS MECKLENBURG 40/41
Vorspeise: Krabbensuppe
Dessert: Rote Grütze

— ◆ —

NIEDERLANDE

BROKKOLI IN HOLLÄNDISCHER KÄSESAUCE
42/43
Vorspeise: Grüne Erbsensuppe
Dessert: Apfelpfannkuchen

— ◆ —

BELGIEN

CHICORÉEGRATIN MIT SCHINKEN 44/45
Vorspeise: Gebratene Steinpilze in Rahmsauce
Dessert: Sommerlicher Obstsalat

— ◆ —

RUSSLAND

RUSSISCHES PILZGRATIN MIT SAUERRAHM 46/47
Vorspeise: Borschtsch mit Rindfleisch
Dessert: Russische Beerengrütze

— ◆ —

ISRAEL

ISRAELISCHER SPINATAUFLAUF 50/51
Vorspeise: Avocado-Orangen-Salat
Dessert: Exotisches Tamarinden-Sorbet

— ◆ —

TUNESIEN

FENCHEL MIT TUNESISCHER HACKFLEISCHFÜLLUNG
52/53
Vorspeise: Kichererbsen-Auberginen-Dip
Dessert: Mandel-Rosinen-Couscous

— ◆ —

LIBANON

LIBANESISCHER JOGHURT-GEMÜSE-AUFLAUF 54/55
Vorspeise: Reisbällchen mit Knoblauchsauce
Dessert: Melone mit Honig

— ◆ —

INDIEN

AUBERGINEN MIT INDISCHER GEMÜSE-FÜLLUNG 56/57
Vorspeise: Linsen in Currysauce
Dessert: Mango-Lassi

— ◆ —

USA

TEXANISCHER CHILIAUFLAUF 58/59
Vorspeise: Avocadosalat
Dessert: Gebackene Bananen

— ◆ —

ℛEZEPTREGISTER

Impressum

Bildnachweis
Alle Titel- und Rezeptfotos:
Meister Verlag/International Masters Publisher B.V.
Agenturfotos:
Einleitung: The Image Bank: Mahaux Photo, Seite 4/5 Mitte; Robert
Harding: Bowman, Seite 5 Mitte rechts; Impact Photos: Conant, Seite 4
oben links; Henley, Seite 5 oben rechts
Fotos zu den 'Typisch'-Abschnitten: Bavaria Bildagentur: Fiore, Seite 8;
Hädeler, Seite 23; Leidmann, Seite 26; Sunwind, Seite 58
IFA Bilderteam: Amadeus, Seite 12; Everts, Seite 15; TPC, Seite 19; Hahn,
Seite 24; Gering, Seite 43; Aberham, Seite 46; Thiele, Seite 54
Image Bank: Pistolesi, Seite 16; Dotherty, Seite 34
Helga Lade: Trigalou, Seite 20; Simone, Seite 30; Thompson, Seite 36, 44;
Reupert, Seite 38; Tetzhaft, Seite 40; Binder, Seite 56
Bildagentur Schapowalow: Pratt-Pries, Seite 33; Stepan, Seite 51; Huber,
Seite 53

Copyright   © Meister Verlag GmbH, München
Reproduktionen Kolb Repro GmbH, Oberschleißheim
Druck Mondadori, Verona

ISBN 3-88477-000-4